RAÚL JORDAN

UNVERGESSEN
50 MEINER SCHÖNSTEN GEDICHTE

adakia Verlag UG (haftungsbeschränkt)
Richard-Wagner-Platz 1, 04109 Leipzig
www.adakia-verlag.de

Bibliographische Information der Deutschen Bibliothek:
Die Deutsche Bibliothek verzeichnet diese Publikation in der Deutschen Nationalbibliographie; detaillierte Daten sind im Internet über die Homepage http://www.dnb.de abrufbar. Das Werk einschließlich aller seiner Teile ist urheberrechtlich geschützt. Jede Verwertung außerhalb der Grenzen des Urheberrechts ohne Zustimmung des Verlags ist unzulässig.

Gesamtherstellung: adakia Verlag, Leipzig
Layout und Satz: Jeanette Frieberg, Buchgestaltung | Mediendesign, Leipzig
Coverillustration: Daniel Ernszt, www.ernsztartig.de
Foto des Autors: privat

1. Auflage, Mai 2022
ISBN 978-3-941935-72-3

meinen Eltern Marlies und Gunter Jordan gewidmet

Manchmal sitze ich irgendwo auf einer Bank oder auf einem Hügel, schaue ruhig ins Land und plötzlich fliegt am Himmel ein Vogel vorüber – ein Schwälbchen, ein Falke, vielleicht eine Möwe. Das ist wie ein Gruß aus der Ferne, ein unverhofftes Hallo aus ganz anderen Sphären des Seins, und es zeigt sich ein Lächeln auf meinem Gesicht.

Mit dem Schreiben ist das nun ähnlich. Ich liege, gehe oder sitze irgendwo still und plötzlich taucht ein Sätzchen auf. Ohne Vorankündigung, ohne anzuklopfen ist es auf einmal da am Horizont dieses Geistes. Es gleitet vorüber und meistens mische ich mich nicht ein und lasse es ziehen. Nicht ich habe mir das ausgedacht. Es erscheint. Und es entschwebt.

Manchmal aber freut mich das so, da schreib ich es ab. Da gießt jemand Geistesströme in Schriftform – und das kann man dann lesen.

Es ist einfach

Es ist einfach.
So wie dieser Grashalm hier,
So wie alle Halme dort
Am begrünten Wiesensaum,
So wie jeder Strauch und Baum,
Eiche, Linde, Rose, Rebe,
Ja, so wachse, ja, so lebe
Auch ich selber in den Tag:
Strecke mich ins Licht hinauf,
Beuge mich vor Sturm und Blitzen,
Richte mich von neuem auf,
Wenn die Sonne folgt Gewittern –
In der Hitze eben schwitzen,
In der Kälte eben zittern,
Mehr ist's nicht, was ich vermag.
Dieses ist der Weltenlauf,
Ist nicht mehr und auch nicht minder.
Alle sind wir Kindeskinder
Einer namenlosen Mutter,
Keines ist dem Himmel näher,
Alle sind umgeben nur,
Sind durchdrungen von Natur.

Da im Walde schreit ein Häher!
Klagt er, lockt er, sucht er Futter?
Einerlei, sein Ruf ist bloß
Wie mein Lachen, wie mein Weinen
Stets Verkündigung des Einen.
Wir entstammen einer Pforte,
Sicht- und unsichtbarem Schoß,
Sind Gestalt in Umgestaltung,
In millionster Neuentfaltung
Zehnmillionster Neuversuch,
Sind im großen Lebensbuch
Nur ein Sätzchen, ein Gedicht
Und Gesetz, das ohne Worte
Ewig von sich selber spricht.

So genau weiß ich gar nicht, warum ich all diese Gedichte geschrieben habe. Ich könnte zwar Gründe anführen, müsste aber bei tieferer Betrachtung zugeben, dass das Gedichteschreiben letztendlich so wunderbar und etwas rätselhaft bleibt wie das Aufblühen von Blumen und Blüten im Frühling. Auch Verse und Strophen sind Blüten, nämlich geistige Blüten. Die Beschäftigung mit ihnen – und das weiß ich wiederum sehr genau – kann der menschlichen Seele eine ähnliche Entlastung verschaffen wie der freudvolle Umgang eines Gärtners mit Erde und Pflanzen. Gedichte erden. Sie können mich, wenn ich im Alltagsrummel wieder einmal das große Ganze aus dem Blick verloren habe, zurück ins Wesentliche holen. Es sind somit Tore zum Frieden und Fenster zur Schönheit. Alle Gedichte, auch jene von anderen Autoren, die ich selbst nach Jahrzehnten immer neu genießen kann, die auch nach schweren Lebensphasen gültig und noch lesbar bleiben, alle diese Gedichte schaffen mir eine Verbindung zu etwas Größerem, Überpersönlichem. Sie verbinden mich mit dem Leben, mit der Menschheit, mit der Erde.

Ich brauche das – diese Rückbesinnung aufs Ganze. Und ich glaube, dass fast jedweder Streit, jeder harte Konflikt, ob nun in der eigenen Brust, in der eigenen Familie oder zwischen den Staaten, aus einem Mangel an Bewusstheit für die Ganzheit des Lebens entsteht.

Wissen Sie, genau heute Morgen, als ich plante, diesen Einleitungstext zu meinem ersten Gedicht zu verfassen, erfuhr ich über die Tagesnachrichten, dass eine Bombe im Jemen einen Schulbus getroffen hat. Dutzende Schülerinnen und Schüler, viele noch nicht einmal zehn Jahre alt, wurden dabei getötet und buchstäblich in Stücke gerissen. Verletzte Kinder schweben jetzt gerade in Lebensgefahr. Eltern sind verzweifelt, Überlebende traumatisiert und voller Angst. Das hat mich aufgewühlt und sehr traurig gemacht. Auch diese Worte schreibe ich mit Tränen in den Augen.

Angesichts solcher harten, unbestreitbaren Tatsachen wird mir eines aber klar: Niemals könnte ich heute noch einen Gedichtband herausbringen, in dem es vordergründig um intellektuelle Wortspielereien, um unterhaltsamen Klamauk oder um künstlerischen Wettstreit geht. Ein großteils auf Ablenkung und Effekthascherei abzielender Kunst- und Kulturbetrieb interessiert mich herzlich wenig. Mich bewegt die Frage, wie wir im Frieden erblühen und angstfrei leben können, und Gedichte sind eben über Jahre hinweg mein Ausdrucksmittel gewesen, sowohl ernst als auch heiter darüber zu sprechen.

Auch Klarheit im Ausdruck ist mir bedeutsam. In aller Regel möchte ich verstanden werden, und zwar nicht nur von Akademikern. Ich hatte einmal vor Jahren ein einschneidendes Erlebnis bei einer Gedichtelesung. Von über fünfzig dort verlesenen Texten – die jungen Autoren und Autorinnen lasen selbst vor – verstand ich den wirklichen Sinnzusammenhang von nur etwa jedem zehnten Gedicht. Natürlich verstand ich die deutschen Wörter, und die waren oftmals auch fesselnd und sorgsam erwählt, im Grunde erschienen mir viele Gedichte aber fast wie durchwürfelte Aneinanderreihungen von deftigen Schlagwörtern und lautmalerischen Kapriolen.

Ich war verstört nach der Lesung. Sollten das etwa die Worte sein, die diesen Menschen wirklich von Bedeutung waren, die sie der Menschheit mit auf den Weg geben wollten? Und würden sie solche modern genannten Sachen in einigen Jahren vielleicht nach Schicksalsschlägen oder auf dem Krankenbett immer noch lesen können? Nun ja, möglicherweise hatte ich mich damals auf dem Heimweg in trüben Gedanken verrannt. Heute denke ich, es muss ja nicht jeder gleich testamentarisch für die Ewigkeit schreiben. Außerdem habe ich selber so viel Unfug und Dummschwatz mit der Dichtung getrieben! Und das hat Spaß gemacht und war zu diesem Zeitpunkt eben der Selbstausdruck. Ein paar von diesen reinen Spaß- und Spielgedichten sind auch in diesen Band eingegangen – und nicht erst ganz hinten. Bisweilen offenbaren sie auch das ganz Menschliche an uns viel treffender als die scheinbar gewichtigeren Werke.

Trotzdem stellt sich mir die Frage: Können wir auch ernst sein? Können wir uns auch ernsthaften Textstellen öffnen, und konsumieren wir Lyrik nicht nur als Sucht- und Betäubungsmittel, um uns vor einem tristeren Lebensalltag oder vor unangenehmen Gefühlen in heilere Welten zu flüchten? Alles, was wir schön und genießbar finden – auch Gedichte gegebenenfalls – kann uns ja auch wegziehen von dem, worum wir uns vielleicht einmal kümmern sollten.

Wir alle erleiden doch Schmerzen, wir alle stehen vor mehr oder weniger großen Herausforderungen im Leben. Und es ist meines Erachtens wichtig, das nicht nur totzuschweigen, zu bagatellisieren oder lachend zu überspielen. Unser Schmerz ist auch der Schmerz der eigenen Familie, der Gemeinschaft, ja der Menschheit. Sobald wir uns unserem Schmerz und Kummer – ob nun in der eigenen Brust, in der Familie oder auch im Jemen – ganz bewusst und so liebevoll wie nur möglich zuwenden, schenken wir nicht nur uns heilsame Beachtung, sondern der ganzen Erde.

Wir heilen die Erde, indem wir uns heilen. Oder ganz einfach: Wir heilen uns, indem wir uns betrachten. Und Gedichte tragen hierzu bei. Sie müssen nicht nur dazu herhalten, um vor dem täglichen Leid und Chaos abzutauchen. Gedichte sind Spiegel der Selbstbetrachtung und mitunter wahre Kraftspender. Indem sie unser Selbstverständnis erweitern, indem sie uns öffnen für Themen, für Gefühle, für Lebensbejahung, stärken sie uns für den Alltag.

Ganz herzlich möchte ich Sie dazu einladen, diese ausgewählten Texte in Ruhe zu kosten. Gute Gedichte sind Kostproben ohne Verfallsdatum. Ich hoffe, sie mögen Ihnen zur Freude gereichen! Und vielleicht hat ja das eine oder andere Stück sogar essentiellen Nährwert für Sie? Vielleicht kräftigt es Ihren Mut- oder Lachmuskel etwas, vielleicht spendet es einen Tropfen Trost oder die sinnvolle Prise Verständnis. Das würde mich wahrlich erfreuen.

Aus: FERNÖSTLICHER ARCHIPEL

Fische seien dumm?
Geld – an diesem Köder schwimmt
ein Fisch vorüber.

~

Dass irgendetwas
wichtig sei, erkläre das
mir und diesem Berg!

~

Nach Frieden streben?
Wird denn Wasser klar, indem
man darin rudert?

Mir ist durchaus die Möglichkeit bewusst, Sie durch meine Kommentierung schon wieder abzulenken, mit einem Zuviel an Gedankengut zu befrachten oder gar Ihr Lesevergnügen zu beeinträchtigen. Ich werde mich zwar hüten, meine Erzeugnisse haarklein wie im Deutschunterricht zu interpretieren, dennoch bin ich wie ein Bratwurstverkäufer, der zu jeder herausgegebenen Wurst auch noch seinen Senf dazugibt. Wer da Bedenken hat, der lasse ihn bitte beiseite! Niemand muss die Kommentare hier lesen.

Ich nutze mit diesen Zusätzen nur die Gelegenheit, auch in prosaischer Satz- und nicht bloß in lyrischer Versform meiner Freude am Dichten Ausdruck zu verleihen. Gedichte sind etwas Wunderbares und ich mag auch dafür einmal werben. In unserem heutigen, oft so temporeichen Lebensalltag kann alles, was wir mit entschleunigter Sorgfalt betreiben, unsere Kräfte regenerieren und den Blick fürs Wesentliche schärfen. Oberflächlich betrachtet mag es ja schrullig oder nutzlos erscheinen, wenn jemand – wie ich zum Beispiel bei den nach japanischen Vorbildern ersonnenen Kürzestgedichten des *Fernöstlichen Archipels* – stundenlang an der rechten Reihenfolge von einem Dutzend Wörtern sinniert. Was aber, wenn der- oder diejenige unterdessen nicht leidet? Was, wenn jemand voll in seinem Element ist dabei, wie ein selbstvergessener Pianist am Flügel, der genau genommen auch nur Töne produziert, die wieder verklingen?

Es ist nicht nutzlos, nicht zu leiden. Es ist eher umgekehrt: Wer überwiegend in Kategorien von Nutzen und Leistung denkt, der leidet recht viel, ganz einfach weil er permanent irgendwo ankommen will oder muss, wo er noch nicht ist. Jeder Rundgang ist dann ein Umweg, jeder Aufenthalt ein Hindernis. So jemand ist kaum in seinem Element.

Tun wir uns also lieber einmal den Gefallen, etwas scheinbar Nutzloses anzufangen, etwas Spielerisches, das keine Zielmaßgaben kennt und das uns in Ruhe lässt! Das wirkt. Auch so genannte und so verkannte brotlose Künste können so erstaunlich beruhigen. Mitunter schaffen sie sogar mehr Weltfrieden als so mancher Protestmarsch dafür. Und warum? Weil sie *dir* Frieden schenken, und du bist die Welt, nämlich die echte, die man anfassen kann.

Am Nebelberg

Auf bemoosten Bergwaldpfaden
Schleichen Abendnebel hin.
Einsam taucht er in die Schwaden –
Selbstvergessenheit im Sinn.
Alles fließt in ihm zusammen,
Alles strömt aus ihm hervor.
Einem Schoße wir entstammen,
Hauchen Winde ihm ins Ohr.

Tropfen tränen von den Zweigen,
Dämmrungsspiegelnd, unbestimmt,
Ob sie fallen, ob sie steigen –
Alles grenzenlos verschwimmt.
Nichts erreichend, nichts verlassend
Wandelt er am Felsplateau,
Nichts mehr liebend, nichts mehr hassend,
Überall und nirgendwo.

Im Jahre 2003 konnte ich mit einem angenehm freundlichen Kommilitonen meines Studienganges den Kinabalu besteigen. Dieser höchste Berg Südostasiens ragt als gigantischer Felsenkoloss über vier Kilometer aus den ihn umgebenden Regenwäldern empor. Von seinem Fuß an führt ein Wandersteig erst durch üppige, beinah domartige Tieflandwälder, dann immer weiter durch Bergwälder, deren niedrigere Wipfel von Moos- und Flechtenbärten überhangen sind, bis hin zu den Krüppelgewächsen der zugigen Zonen und schließlich der schroffen, baumlosen Kuppe aus nacktem Gestein. Das ganze Gebiet, das unter Naturschutz steht und im Tiefland noch Orang-Utans beherbergt, ist derart traumhaft, ja märchenhaft schön, dass ich mich damals wie in die Urzeit zurückversetzt fühlte. So wie hier sah es weithin auf Erden aus, als die ganze Menschheit barfuß lief und noch nicht einmal in den Kinderschuhen steckte.

Solche Wälder sind auch nicht nur ein altes Erbe, das uns heutigen Menschen für geraume Zeit zur Verwaltung überantwortet wurde. Es sind freie atmende Wesen, lebendige Weltwunder, die letztendlich keinem gehören und die sich dennoch jedem zu Eigen verbinden, der in sie eintaucht, und jeden von innen her heilen, der ihre Schönheit verspürt.

Am Tage vor unserem Aufstieg nächtigten wir zwei Studenten in einer Waldhütte für Bergtouristen. Es herrschte da eine einzigartige – ich möchte sagen – heilige Stimmung. Der Wald war abends in dichten Nebel gehüllt. Es war so still. Sogar die Menschen unterhielten sich intuitiv im Flüsterton und manche erspürten es auch: Besser als Gespräche zu führen war es an diesem Abend, sich irgendwo auf den nebligen Pfaden allein zu verlieren. Auch kaum ein Vogel gab einen Laut. Trotzdem spürte und sah man, dass alles lebte umher, alles spross und gedieh. Die Pflanzen glänzten in einer Frische, in einer Üppigkeit, wie sie es nur im Zustand der besten Gesundheit vermögen. An den wenigen Hüttenlichtern kreisten im Dämmer unzählige Käfer, Fliegen und Myriaden von Kleinschmetterlingen. Und alles, was am Boden oder als Totholz bereits in Zersetzung inbegriffen war, bot seinerseits wieder Raum und Nährstoff für neues keimendes Leben. Es war, als ginge Leben und Sterben nahtlos über ineinander, als gäbe es keine Grenze dazwischen. Alles war nur ein einziges Fließen und Strömen, ein einziges Sein. Ich war hier selbst nichts Abgetrenntes, ich war selber die Ruhe des Bergwalds, die Feuchte der Luft, die atmende Stille, die pure Seelengesundheit.

Auch wenn ich heute daran zurückdenke, an einen dieser poetischsten Tage meines Lebens, überkommt mich ein Schauer der Ehrfurcht und eine tiefe Erkenntnis durchdringt mich – die von der Einheit des Lebens.

GEGANGEN

Wie weit die gelben Felder ziehn!
Am Horizont dahin sie fliehn
Mit unsern Träumen Hand in Hand.
So leicht empfanden wir die Zeiten,
Die langen Monate durchs Land
Der Kiefernwälder Schatten gleiten.

Noch immer blühn dieselben Felder,
Noch immer stehn die Kiefernwälder,
Hindurch die gleichen Winde wehn,
Und wie die gleichen Vögel sangen,
Lag alles unvergänglich schön,
Nur du bist lange fortgegangen.

Mit dem zweistrophigen Lied *Gegangen* sei gleich noch ein Stück aus meinen frühen Anfangszeiten vorgestellt. Es ist vielleicht kein Meisterwerk in den Augen eines belesenen Kritikers, aber für mich persönlich hat es über all die Jahre standgehalten. Ich kann es auch heute noch lesen, als gelungen empfinden und sogar weiterempfehlen.

Vor allem ist es authentisch. Es bringt immer wieder in mir eine hauchfeine Note von Traurigkeit, von Abschiedsstimmung zum Schwingen, die ich von seiner Entstehungszeit her noch ganz genau kenne. Ich hatte damals auf unbestimmte Zeit meine Heimatstadt verlassen, um woanders mein Studium fortzusetzen. Das fiel mir nicht leicht – einerseits natürlich, weil ich mich in völlig neue Menschen- und Arbeitskreise einleben musste, andererseits aber auch, weil ich mich als Student einer Naturwissenschaft der echten Natur gar nicht näher gebracht, sondern eher noch von ihr abgerückt fühlte. Die Wiesen, Felder und Kiefernwälder, ohne die ich damals kaum leben konnte, die waren immer noch da; in weiter Ferne standen sie offen für all die Wanderer, Dichter und Müßiggänger, die dort am Busen von Mutter Natur ihre Sehnsucht nach Ganzheit stillen konnten. Nur ich war lange fortgegangen, fast so als wäre ich gestorben. Ich hatte mich in ein System und Räderwerk aus Pflichtveranstaltungen, Hausarbeiten und Prüfungsterminen immatrikuliert, das ganze Heerscharen von jungen Menschen im besten Alter mit Wissen über die Natur programmatisch vollstopfte und wie am Fließband durch die Studienjahre schleuste. Das Wesen der Natur jedoch, das ich von meinen Waldstreifzügen ganz genau zu kennen meinte, das konnte ich oft nur vermissen.

Dennoch ist *Gegangen* kein reines Klagelied, kein selbstmitleidiger Abgesang auf die guten alten Zeiten. Es ist hier über allem Weh eine Schönheit gebreitet. Ich weiß nicht, wie diese paar Zeilen das schaffen, ich habe es niemals analysiert, aber es ist für mich sichtbar darin – die Dimension des Himmlischen, des Heiligen. Und so wirkt es auf mich wie ein Gang über Feld und Flur, nämlich heilsam und erdend.

Präambel

Dies Büchlein sei als Blumenhain
Im Jahreswechsel zu behandeln.
Wir wollen uns ergeben freun,
Ein Weilchen darin lustzuwandeln,
Aus purer Lust am Verlustieren
In hundert Winkel uns zerstreun,
Uns sammeln und erneut verlieren.
Nur frischen Mutes! Seid bereit
Für Frühjahrsblüher, Herbstzeitlosen,
Hier keimt ein jedes jederzeit.
Der Gärtner, ihr erkennt es bald,
Verehrte Unkraut so wie Rosen,
Gar manches geht von seinen Beeten
Allmählich über in den Wald.
Ermüden wir uns nicht mit Jäten!
Die Vielfalt ist es doch zuletzt,
Die an der Einheit uns ergötzt.
Verbundenheit mit der Natur
Spürt, wer das Wildgewachsne schätzt
Wie Pflanzenzucht nach Maß und Schnur.
Drum lobt, womit die Flur sich ziert,
Und alles, was sie ausgebiert!

Als ich 29 Jahre alt war, hatte ich ein gutes Jahrzehnt hindurch die Gefilde und Gebräuche der Versschmiedekunst erkundet. Mein anfänglich dünnes Mäppchen von eigenen Gedichten war auf ein Maß angeschwollen, das mich seinerzeit regelmäßig vom ersten selbst herausgebrachten Gedichtband träumen ließ. Auch kannte ich mittlerweile das Rezept für hohe Gedichtqualität. Um ein gutes Gedicht zu verfassen, schreibe man nämlich einfach ein Dutzend umwerfend gute, das heißt „beste Gedichte aller Zeiten". Nach ein paar Jahren dann, in denen man das frisch Gebackene abkühlen lässt, beschaue man das Ganze ganz nüchtern, und mit etwas Glück ist von den zwölf Ergüssen sogar einer noch schmackhaft.

Ich fühlte mich also als echter eingeweihter Dichter – einer, der eben nur noch nichts veröffentlicht hatte. Aber das konnte sich ja nun ändern. Ein fertiger Band lag in der Schublade bereit. Und damit dieser Gedichtband auf Anhieb gut ankommen würde – nicht zuletzt bei den Herren Verlegern – sollte er auch gebührend „verpackt" sein. Zu seiner Umrahmung schrieb ich damals diese *Präambel* und ein würdiges Nachwort – wohl bemerkt zu einem Buche, das nie in den Druck kam, weil sich offenbar doch kein Verleger der Welt darüber hinwegtäuschen lässt, dass selbst Gedichtbände in schöner Verpackung in aller Regel Ladenhüter, also finanzielle Einbußen sind.

Die letzte Jagd

Am Ussuri bei Wladivosten,
Dem Strom fernab Sibiriens Osten,
Der Morgenwind durchs Uferried
Mit frühherbstlichem Rauschen zieht,
Und wo am Bruch der schilfgen Säume
Ein Meer aus Wald sich weit verliert,
Umwölbt vom Schirm der Weidenbäume,
Ein Lagerfeuer wird geschürt.

Die Flamme züngelt am Gezweige,
Leckt Nahrung spärlich, geht zur Neige.
Zwei Männer teilen ihren Kreis,
Der eine jung, der andre greis.
„Es spendet nicht die nöt'ge Wärme",
Spricht jener, der stets schärfer sah,
„Wehrt nicht der Kriebelmücken Schwärme;
Soll ich's entfachen, Deduschka?"

Der Alte speit erzürnt ins Feuer.
„Die Träumerei ist ungeheuer!
Du träumst noch, wenn es lange tagt.
Dem Herrn da oben sei's geklagt,
Vererbt des Vaters Adleraugen,
Vergisst allein Instinkt dabei.
Zum Jäger wirst du nimmer taugen –
Aus zwei und null wird nimmer drei!"

Er nimmt die Flinte, prüft die Kimme,
Erhebt sich und senkt seine Stimme:
„Ein Tiger wittert Unvorsicht;
Zeigt man sich ihm, zeigt er sich nicht.
Es ist der letzte, wie wir wissen;
Er zog ins Bergland sich zurück,
Nachdem er mir den Sohn zerrissen,
Doch diesmal gilt es sein Genick!"

„Wir brechen auf!" Der Alte deutet
Zur Sonne, die hervor nun gleitet.
Kaum queren sie jedoch das Moor,
Vermisst der Bub sein Feuerrohr.
Er eilt und holt es, hört die Rüge,
Verlässlicher wär' jeder Knecht,
Und wann er je zur Jagd genüge
Und wann dem Vater wird gerecht.

Hangaufwärts lenken sie die Schritte
Am schmalen Steig durch Urwalds Mitte.
Nach langer Stunden mühsam Weg
Erreichen sie den Felsensteg,
Erklimmen schnaufend Stuf um Stufe,
Und hoch und höher geht's hinan,
Von oben schrillen Falkenrufe
Und schwindelnd tief entrückt der Tann.

Als links und rechts am End der Steigung
Der Pfad sich gabelt in Verzweigung,
Bemerkt der Junge rasch und stolz
Markiertes, aufgekratztes Holz.
An Krüppelkiefers Stamm und Ästen
Entdecken Spuren sie zuhauf;
Schon weicht das Tagesblau gen Westen,
Da nehmen sie Verfolgung auf.

Manch Zeichen lesen die Gelehrten,
Mal sind am Bach es Raubtierfährten,
Mal sind es Haare am Gesträuch.
Mit Vorsicht dringen sie ins Reich,
Als überm Sattel schwebend stetig,
Wohin der Junge spähend weist,
Am Abendhimmel majestätisch
Ein Geier seine Runden kreist.

Er landet nicht, das sehn sie stutzend,
Auch fliegt er einzeln, nicht im Dutzend.
Die Männer ducken sich ins Gras,
Sie ahnen nicht nur frisches Aas.
Umringt von Hügeln in der Senke,
Verdeckt von Buschwerk und Gedorn,
Glänzt widerspiegelnd eine Tränke;
Behutsam schleichen sie nach vorn.

Der Wind weht günstig, ab vom Wasser,
Doch wird des Lichtes Schimmer blasser,
Bedenkt der Alte auf der Pirsch
Und übersieht beinah den Hirsch
Und den, der ihn ertappt, erschlagen,
Bis aufs Gehörn verschlungen hat:
Der Tiger ruht mit prallem Magen
Zufrieden an Kadavers Statt.

Ein Herz geht auf: Erregt vom Schauer
Liegt auch der Junge auf der Lauer.
Welch überwältigende Pracht!
Der Schweif, das Fell, die Flammentracht!
Allein gerät sogleich ins Wanken
Mein Glück und deine Seelenruh –
Mir schnüren drückende Gedanken
Die Luft ab und die Kehle zu!

Warum sollst du, Vollkommner, sterben?
Warum im Augenblick verderben,
Wenn wir uns finden, ach, warum?
So zweifelt er und trauert stumm,
Da übermannt die Macht des Schönen
Ihn ziehend mit Gefühlsgewalt:
Erfüllt von unstillbarem Sehnen
Tritt er aus seinem Hinterhalt.

„Herrgott, bist du verrückt geworden?
Willst du uns alle so ermorden?",
Braust ihn der Graubart wütend an
Und drückt der Büchse Abzugshahn.
Es kracht, der Junge fährt zusammen,
Der Tiger zuckt, schon ist er tot.
„Der Teufel sollte dich verdammen!"
Des Alten Kopf glüht zornesrot.

„Missraten bist du und misslungen!"
Er stößt den Kolben in den Jungen,
Dann wirft er seine Waffe fort
Und nähert sich dem Leichnam dort,
Als plötzlich ihm ein heiser' Brüllen
Erschüttert und zerreißt das Mark,
Dass schrecklich seine Augen quillen –
Ein zweiter Tiger, doppelt stark!

Das ist der bösen Geister Rache!
Ihr Strahl trifft mich, hat mich auf Wache
Im Leichtsinn vom Gewehr getrennt!
Und eh er flieht und eh er rennt,
Bricht längst in riesenhaften Sätzen
Die Bestie aus dem Unterwuchs,
Den alten Weidmann zu zerfetzen,
Der steht gelähmt im Bann des Fluchs.

Zu spät sein Haken, zu entweichen!
Er keucht, die Flinte zu erreichen,
Der Tiger hetzt heran, holt auf,
Holt aus und wirft im vollen Lauf,
Den Flüchtigen im Fall zu packen,
Die derbe Pranke ins Gebein,
Zerbeißt dem Stürzenden den Nacken
Und schleudert ihn aufs Felsgestein.

Der Alte leidet Höllenqualen.
Zerknirschend Fänge ihn zermahlen;
Geweiht ist er dem Beutetod.
Sich windend in der höchsten Not
Vermag er's noch, den Blick zu heften
Auf Sohnes Sohn, und fürchterlich
Stöhnt er mit letzten Willenskräften:
„Du hilfst mir nicht! Errette dich!"

Und schnell herzu springt nun der Enkel
Und kniet und stützt den Arm am Schenkel,
Wie's jeder Jäger meistern muss.
Er zielt, er zieht, ein Donnerschuss
Hallt von des Tales Wänden wider;
Der Tiger faucht, steigt himmelwärts,
Der Alte sinkt zur Erde nieder,
Getroffen und erlöst vom Schmerz.

Er stirbt und ihm wird's licht zumute,
Als wiche mit dem warmen Blute
Ein Quell der Klarheit seiner Brust,
Der Unbewusstes macht bewusst:
Ob Mensch, ob Wild, wir rücken dichter
Von Angesicht zu Angesicht,
Denn wir sind gleich, wir sind nur Richter
Auf unserm Wege zum Gericht.

Das Haupt erhöht, auf leiser Tatze
Dreht sich die stolze Königskatze
Und nimmt den Schützen ins Visier.
Der Junge aber sieht das Tier,
Das edle, und er kann's nicht schießen.
Er senkt die Hand, den Lauf herab,
Als würde Ewigkeit verfließen,
Und legt gefasst die Waffe ab.

୭

Die *letzte Jagd* ist eine meiner Lieblingsballaden und sie kam insbesondere durch Schmerz zustande. Man kann das durchaus überlesen. Der Handlungsort liegt so weit weg. Nirgends taucht ein Mädchen auf, das jemand verliert. Und dass ich kleiner Reimer mich selbst als diesen Enkelsohn dem Tiger gegenüber sah, dass ich seine unsterbliche Liebe zur Wildnis mitfühlte und mir eine ebenso große Besorgnis um deren Bedrohtheit zuweilen fast die Brust zerdrückte, das steht nirgendwo. In keiner Zeile ist da erwähnt, dass ich regelmäßig gern mein hiesiges Scheinleben und die ganze verzärtelte Buchstabenreiterei an den Nagel gehängt hätte, um irgendwo hinter Sibirien eins mit der Natur zu werden. Dieser damalige Druck im Kopf, diese maßlose Sehnsucht und Unzufriedenheit mit dem Hier und Jetzt war Schmerz – Seelenschmerz, wenn man will. Er bohrte nicht immer. Gute Menschen linderten ihn, aber ich brauchte Jahre, um ihn für dieses Gedicht in passende Worte zu fassen. Als mir Thema und Handlung vorschwebten, reimte ich im Winter vor meinem vierundzwanzigsten Geburtstag die ersten beiden Strophen. Dann musste ich pausieren. Mir fehlten buchstäblich die Worte. Erst im Frühling über zwei Jahre später schrieb ich die restlichen achtzehn Strophen in einem Ritt an zwei Tagen.

Schmerz ist also eine Wurzel der Kunst. Einen inneren Kummer nach außen aufs Papier zu bringen, ihn sichtbar, hörbar, sogar genießbar zu machen, also Leid in Lied, Klage in Klang und Schmerz gar in Scherz zu verwandeln, war mitunter große Entlastung für mich. Natürlich schrieb ich nicht alle Gedichte aus Bedrängnis heraus. Manche sind kühlerer Natur, manche sind einfach herausgerutscht, aber für einige durfte auch ich ordentlich leiden. Dank also dir, Pein, die du hier manches erst ermöglicht hast!

Ich hoffe, Sie können bei dieser Tigerjagd über die hier und da vorhandenen Stellen hinwegsehen, wo Rhythmus oder Grammatik aufgrund von Reimzwang etwas holprig werden. Mich zumindest kann die bildgewaltige Ausführung dieses Stückes mit seiner dichten Handlungsabfolge und dem kühnen Finale immer noch begeistern.

Gerade für einen jungen Künstler wirkt es natürlich auch immer wieder beflügelnd, wenn jemand seine Werke zu schätzen weiß. So erinnere ich mich gerne daran, dass zum Beispiel mein Großvater *Die letzte Jagd* als wirklich gut empfunden hat. Ganz behutsam hat er zu meinen Gedichten stellenweise auch Verbesserungsvorschläge angebracht, aber niemals zu viele, denn er wusste, dass aufstrebende Dichter Ratschläge leicht als Schläge auffassen.

Das feine Sprachgefühl meines Opas wird beispielsweise erkennbar an der Stelle „Mit Vorsicht dringen sie ins Reich, …". Vor seiner Durchsicht lautete es noch „Vorsichtig dringen sie ins Reich, …". Das ist ebenso dreisilbig am Anfang, doch die Betonung ist versetzt. Sie liegt bei „Vorsichtig …" bereits auf der ersten Silbe, was den Lesefluss der Zeile verändert und minimal stört. Selbst minimal ist aber für einen Verseschmied maximal wichtig, genauso wie eine kleine Unebenheit an einem geschmiedeten Hufeisen das Pferd vielleicht humpeln oder gar fehltreten lässt.

Ich erwähne das, um nur einmal anzudeuten, dass in einigen Gedichten wirklich jeder Buchstabe an die zwanzigmal gedreht, gewendet und von allen Seiten her begutachtet wurde, bevor er da in der Endfassung stehen bleiben durfte.

Entschuldigung des Hofmusikanten

Mein Fürst, Ihr kommt, um Euer Lied
Zu hören, was ich neu versprach.
Pardon, doch der Gesänge Schmied
Sinnt über Lautes Flaute nach!

Es mangelte nicht an Ideen,
Nur an Verwirklichung gar sehr,
Hab mich an diesen sattgesehn
Und dürste jener hinterher.

Was bleibt, ist Leere, o Durchlaucht,
Nebst einem vollen Blatt Papier
Mit Versen, die die Welt nicht braucht,
Dahingestammelt so wie hier.

M eine Vorliebe für die Reimerei entflammte, als ich im Alter von etwa zwanzig Jahren plötzlich entdeckte, dass sich Reimwörter gar nicht so schwer in Paar- oder Kreuzreimen anordnen ließen. Das sind im Prinzip fast schon die denkbar einfachsten Strophenformen der Welt. Die *Entschuldigung des Hofmusikanten*, die aus dieser mir heiligen Anfangszeit stammt, zeigt zum Beispiel den Kreuzreim, bei dem sich die Reime am Zeilenende abwechseln, das heißt überkreuzen.

Ein Teil der Amtsarbeit eines Reimers besteht nun darin, durch geschicktes Manövrieren und Positionieren von Wörtern einer Aussage einen Klang zu verleihen, im besten Fall einen Wohlklang – und eingestreute Reime eignen sich ausgezeichnet dafür. Durch ihren Gleichklang horcht der Zuhörer regelrecht auf. Man wird munter und wachsam, was wiederum für ein feines Glücksgefühl sorgen kann. Selbst Kleinkinder, die nichts von Reimtheorie wissen können, reagieren oft unmittelbar mit Aufmerksamkeit und Erheiterung, sobald man ihnen spontan etwas vorreimt.

Probieren Sie es! Reimen Sie einmal, am besten zusammen mit Kindern, irgendetwas zusammen. Und die Betonung liegt auf *irgendetwas.* Da kommen die seltsamsten Sachen heraus, und wem nicht gleich etwas einfällt, der kann hiermit beginnen:

>Ein braver Hai
>frisst Haferbrei.

Oder so:

>Hat der Jäger Wild erlegt,
>ist er nicht nur mild erregt,
>wenn der Hirsch 'ne Mütze trägt.

Reimen macht Spaß! Wenn man das erst einmal erfährt, nicht weil es jemand behauptet, sondern weil man selber am eigenen Leibe verspürt, dass ein geistiger Zustrom von Wörtern einen Aha-Effekt auslösen und sich auch im Körper als Wohlgefühl bemerkbar machen kann, dann ist die Leidenschaft fast schon entfesselt. Bei mir jedenfalls war das der Fall.

Ich machte es einst zu meiner Mission, auf jedes beliebige Wort ein passendes Reimwort zu finden. Dabei stieß ich dann auch auf das einzige Unwort im deutschen Wortschatz, das sich beharrlich erdreistet, sich dem zu widersetzen – nämlich auf das Wort *Mensch*. Ich habe nicht wenig wortakrobatischen Aufwand betrieben, um auch auf dieses widerborstige Wörtchen einen halbwegs gefälligen Reim hinzubiegen. Es ist mir bis heute noch nicht gelungen. Diese Vergeblichkeit wiederum, diese *Menschliche* Ungereimtheit habe ich aber natürlich verreimt:

Auf Mensch reimt sich kein Wort – ist das nicht zum Lachen?
Man könnt' sich ja sonst einen Reim auf ihn machen!

Viele Jahre lang habe ich fast nur in Reimen gedichtet. Es vergilben und verrotten weltweit wohl einige Zehntausend Zettel und Fetzen Papier mit handgeschriebenem Reimwerk von mir, zumeist in meiner Lieblingsform, dem einfachen Kreuzreim. Dabei ist so viel verrücktes, so viel schräges, krasses, unanständiges, auch widerwärtiges und schlichtweg unverdauliches Zeug herumgekommen, dass ich zugegebenermaßen sogar etwas erleichtert bin, weil der Großteil davon bereits kompostiert und in diesem Zustand der Erde vielleicht noch am dienlichsten ist. Ein paar klitzekleine Nettigkeiten aus dieser meiner Kreuzreimära möchte ich aber doch noch wenigstens durch ein paar Jährchen hinüberretten.

Kaffeekranz

Tassen klappern.
Muhmen prassen und plappern.
Über Streuseln und Krumen
Bleichen die Haare,
Verstreichen die Jahre.

Das ist mehr als Verspieltheit, das ist Verliebtheit von mir: Manche Textabschnitte schreibe ich gar nicht, um vorrangig irgendetwas Berichtenswertes zum Ausdruck zu bringen, um große Weltzusammenhänge aufzudecken oder um spätere Leser damit zu erreichen. Ich schreibe sie überhaupt nicht um irgendeiner Leserschaft willen, sondern einzig und allein zu Ehren der Wörter selbst. Ich bin verliebt in Wörter. Ich erfreue, labe und verzücke mich an ihrem Klangreichtum, ihrer Schreib- und Betonungsweise, ihrem bloßen Erscheinen – und an ihrer oft uneingestandenen Macht über uns ach so sprachbegabte Wesen. Wir Menschen glauben ja so gern, wir selbst gebrauchen und nutzen die Wörter, dabei sind es doch meistens umgekehrt eher die Wörter und die Gedanken, die uns benutzen.

Ich stelle Wörtern auch nach – wie ein Jüngling den Mädchen – besonders jenen, die die Geschäftswelt der Menschen und ihre Gemeinplätze scheuen, die sich ganz selten nur einmal ins Tageslicht trauen oder hervorlocken lassen. Mit Glück geschieht es aber auch noch, dass sogar im belauschten Alltagsgespräch, im Straßenklatsch einem Redenden solch kauzige Wörtlein den Lippen entschlüpfen wie *Verdauungsspaziergang* oder *erpicht* oder *Honigkuchenpferd* oder auch *mopsfidel.* Für ein Rendezvous mit unmodischen Tätigkeitswörtern wie *freien* oder mit beinah ausgestorbenen Nomen wie *Hahnrei* oder *Trottoir* muss man ja heutzutage die staubigen Bände toter Gebildeter wälzen.

Jedenfalls kann die Begegnung – das *Stelldichein* – mit derlei ungebräuchlichen Wörtern im Dschungel der zwischenmenschlichen Kommunikation bei mir eine ähnlich überdrehte Verzückung freisetzen wie die unvermutete Sichtung eines lichtscheuen Waldtiers bei einem Naturfreund. Und aus purer Dankbarkeit und Anbetung solcherlei Naturschönheiten gegenüber, aus tiefster Verehrung und nicht zuletzt aus Gründen der Mahnung, weil wohl nicht wenig Schützenswertes davon fast unbeweint verloren geht, errichten wir Versedrechsler und Wortjongleure, wir Sprachverliebten und Buchstabennarren eben zuweilen ein Denk- oder Mahnmal in Satzform für sie. So dienen manche meiner Wortansammlungen und Textbausteine zugegebenermaßen als Sockel und Grundstock nur der Erhöhung und Hervorhebung von sonst zumeist unterrepräsentierten, aus der Mode gekommenen oder gar niemals modisch gewesenen Einzelwörtern. Vielleicht sind sie aus einem zeitgemäßeren Sprachgebrauch schon lange verschwunden, doch ein unverbesserlicher Querkopf und Lebensretter in mir möchte ihnen entgegen aller Modetrends und Todesprognosen noch einmal seine Reverenz bezeigen und wenigstens einen Wiederbelebungsversuch unternehmen.

Bitte raten Sie doch einmal, um welches Wort es mir beim *Kaffeekranz* am meisten ging!

Mahnung an den Musensohn

Dichter, lass dich nicht verleiten!
Jüngst beklagtest du dein Los,
Unglückselig wär'n die Zeiten
Heute, da dein junger Spross
Auf so hartem Boden keimt,
Dass die Schriftstellerkarriere,
Einerlei wie man sich bäumt,
Scheitert an der Marktbarriere.

Ahnst du gleich den Hiobsboten,
Wenn der Buchmarkt expandiert
Wie einst Rom zum Reich der Toten?
Untergang ist programmiert
Jeder Sache, groß und klein,
Von dem Adler bis zum Zeisig.
Lass den Buchmarkt Buchmarkt sein,
Setz dich hin und reime fleißig!

Mehr musst du auch heut nicht lesen.
Nimmt die Ware überhand,
Bringe dich am alten Tresen
Mit Homer auf neusten Stand.
Spritzt der Fusel aus dem Fass
Quantität in aller Munde,
Heißt doch unterm Striche, dass
Qualität geht vor die Hunde.

Hege Argwohn gegen Herden,
Kündige dem Kunstverein!
Du willst wahrer Künstler werden?
Höre, du wirst Künstler sein,
Wenn du diese Kunst betreibst:
Üben, üben, nochmals üben,
Zu genießen, was du schreibst
Und was treue Väter schrieben.

Auch die Furcht, dass niemand deine
Stimme in der Masse hört,
Kettet fest dich ans Gemeine,
Da sie freien Sinn betört.
Hinter ihr verbirgt sich nur,
Worin der Skribent sich badet –
Traum vom Durchbruch und Glamour,
Was dir Unverdorbnem schadet.

Unfruchtbar sind Glanz und Glimmer
Elitären Schriftentums.
Sieh zur Sonne, nicht zum Schimmer
Dort im Spiegelglas des Ruhms!
Werde Mensch, nicht Literat,
Wie von außen, so von innen!
Hierin wird die Kunst zur Tat:
Du allein sollst dich gewinnen.

꙳

Als junger Buchstabenreiter war ich aber keineswegs nur verspielt. Oft wollte ich auch mit Worten bekehren und mein Publikum mit einprägsamer Sprachartistik zum Erwachen geleiten. O je, zuweilen war ich geradezu versessen darauf, meinen Lesern und Zuhörern die Augen zu öffnen für die Schönheit der Welt, für die Blüten der Kunst und natürlich für die Genialität meiner Werke. Ich war auch kein zahmer Lehrling der Dichtkunst, ich war ihr Fahnen schwingender Krieger und wissender Wegbereiter, denn ich wusste zum Beispiel, dass es völlig wurst war, ob man ein Drama in vier oder fünf oder zwanzig Akte unterteilte, weil jede herkömmlich festgelegte Anzahl nur auf ein paar weintrunkene Griechen zurückging, die auch bloß den Frauen nachgeguckt haben.

Unweigerlich führte das zu Konfrontationen. Wenn ich nämlich bei meinen Vorlesungen und Predigten oder nach meinen Bekehrungsversuchen im Alltag doch wieder und immer wieder schmerzlich gezwungen war *selbst* zu erwachen und zu erkennen, dass die Masse vielleicht dumm, ich selbst aber saudumm war, dass die Leute stets so blieben, wie sie waren, dass sich nichts und niemand ändern und erziehen ließ, dass, obwohl ich alles Entscheidende für die große Umwälzung zur Weltverbesserung in meinen Schriften bedacht und sogar trefflich formuliert hatte, kein Schwein darauf hörte, geschweige denn danach handelte, dass also diese verbohrten, verbiesterten Mitbürger sich von meinem literarischen Manifest höchstens einmal gelind unterhalten ließen und im Grunde darauf pfiffen, dann – o dann packte mich damals unbändiger Zorn und rasend vor Zerstörungswut erwuchs mir dieses feiste Bürgertum, das noch eben mein Gönner und Abnehmer war, zum verhassten Feind. Wie sehr beneidete ich nun den Musiker um seine Geige, mit der er die Blödheit aus den Unverständigen herausprügeln konnte! Und wie sehr verfluchte ich aber mein eigenes Handwerk, meine flaue Dichtung auf all den vollgeschmierten Wurstblättern mit ihren machtlosen Texten, deren Sätze ja doch keine Galgenstricke waren, um Bürgerhälse aufzuknüpfen, und deren Buchstaben niemals als Schrotkugeln aus den Seiten feuern würden, um Engstirn und Kleingeist gezielt zu durchsieben!

Die Kuhmagd vom Reinstädter Grund

Jahr für Jahr zur Sonnenwende
Melkt sie Vieh im heißen Tal,
Presst und zapft sich süßen Strahl
Fest im Drucke ihrer Hände.

Schweißbeperlt zur Mittagshitze
Führt sie, langend nach Genuss,
Ihre Zunge vor zum Kuss
An die feuchterregte Zitze.

Durstig saugend will sie nippen
Von dem Euter, üppig prall.
Übervoll rinnt Schwall auf Schwall
Warmer Milch von ihren Lippen.

☙

Eine Empfehlung: Wandert man von der Stadt, wo ich wohne, drei oder vier gemütliche Stunden nach Süden – am besten zur Frühlingszeit gleich morgens mit einem guten Wanderfreund – dann erreicht man nach ein paar bewaldeten Höhen ein wahrhaft malerisches Seitental der Saale. Wenn irgend möglich, sollte man sich den Anblick dieses Reinstädter Grundes wirklich auf Schusters Rappen erwandern. Die Empfänglichkeit für Schönheit ergibt sich nämlich aus einer bestimmten Geistesverfassung und der Geist wird beim Wandern oft weit und genau dafür wohl präpariert.

Ich wage einmal zu behaupten, dass jener Talgrund vor vierhundert Jahren nicht großartig anders aussah als heute. Er ist von weiten Wäldern umschlossen und wirkt doch nicht beengt, weil die Berge aus Rücksicht auch Platz zwischen sich lassen. Außerdem überziehen Kalktrockenrasen die Hänge. Diese lichten Fluren erwärmen sich im Frühjahr sehr schnell und strahlen rings an die ganze Umgebung Warmherzigkeit im Überfluss aus. Blickt man in Richtung Saaleflusstal, sieht man zur Krönung sogar eine alte, prächtig erhaltene Ritterburg auf einem Bergkegel thronen.

Das alles ist wie für Schwärmer, Naturliebhaber und Bäumeumarmer entworfen. Wenn einem dann noch wie uns zwei jungen, kräftigen Männern damals die Sonne aus einem azurblauen Himmel entgegenlacht und die Knabenkräuter überall in Blüte stehen, macht das Herz einfach Freudensprünge. Und als wir plötzlich hinter den Kuhweiden obendrein einer freundlich grüßenden, ländlichen Schönheit begegneten, überschwemmte es uns regelrecht mit Frühlingsgefühlen.

Das Vogelkonzert

für meine Großeltern

Hahn:	Gott sei Dank, bin ich erbaut,
	Dass der Morgen endlich graut!
	Kikriki! Der Gockelhahn
	Ruft euch zum Versammlungsplan.
	Brüder, Schwestern, lasst uns singen!
	Salbt die Stimmen, ölt die Kehlen,
	Schwingt herbei auf euren Schwingen,
	Heute darf nicht einer fehlen!
	Reiht euch auf den langen Ästen,
	Weckt den ganzen Vogelstaat,
	Gebt das Beste hier zum Besten,
	Ratet Weisheit, weiset Rat!
	Bildet alle einen Chor,
	Jedem sei das Wort gewährt,
	Nacheinander traget vor,
	Was das Leben euch gelehrt!
Rotbrüstchen:	Sei ein Dränger und ein Stürmer,
	Frühe Vögel fangen Würmer!
Eistaucher:	Tauch mit mir ins Eisgewässer,
	Niemand ist daran erfroren,
	Schneidet's zwar wie kalte Messer,
	Fühlst dich dennoch neugeboren.
Lerche:	Hoch hinauf und himmelan!
	Was man abends nicht gewagt,
	Wagt man morgens, da es tagt.

Kaiserpinguine:	Bei Polarnacht und Orkan
	Trotzen wir dem Dauerfrost,
	Stehen dichtgedrängt im Klan
	Lange Wochen ohne Kost,
	Zehren bloß von Fettreserven
	Und von unsrer Zuversicht,
	Denn ein Kaiser wahrt die Nerven:
	Nach der Dunkelheit kommt Licht.
Flamingo:	Dass ihr fest mit beiden Beinen
	Steht im wechselvollen Leben,
	Will mir nicht als Kunst erscheinen.
	Ich vermag eins anzuheben!
Tölpel:	Damit sucht' ich anzugeben,
	Zog den linken Fuß herauf,
	Bloß der rechte stand noch drauf.
Grünling:	Peinlich ist es und blamabel,
	Bist du hintern Ohren grün.
	Hältst du deinen grünen Schnabel,
	Sei dir immerhin verziehn.
Löffler:	Was man auch an Mist verbockt –
	Jeder Fehler, lerne draus!
	Hast du dir was eingebrockt,
	Löffle deine Suppe aus.
Sonnenvogel:	Musst dich an die Sonne halten:
	Täglich frischen Mutes walten.
Grasmücke:	Dieser Graswuchs steht so dicht
	Und versperrt mir freie Sicht.
	Ist da wer mit langem Hals,
	Der des roten Feuerballs
	Östlich' Wiegenland erkennt?

Kraniche:	Du suchst, was sich Japan nennt,
	Und das steht in unsrer Gunst,
	Denn der Origamifalter
	Schätzt uns hoch mit seiner Kunst
	Auf ein tausendjährig' Alter.
Ziegenmelker:	Ein Jahrtausend Ziegenmelker?
	Was ein Los für Sklavenvölker!
	Gut, dass ich davor erbleiche,
	's ist doch ewiglich das gleiche.
Zilpzalp:	Wie mein Alltag halb und halb
	Auf dem Strang gewohnter Schiene
	Pendelt zwischen Zilp und Zalp,
	Wird bald alles zur Routine.
Schwalbe:	Sommers mühen, winters fliehen.
Baumläufer:	Einmal nördlich, einmal südlich
	Jahr für Jahr so weit zu ziehen,
	Das erscheint mir ungemütlich.
	Auf- und abwärts an den Bäumen,
	Mehr mag ich mir nicht erträumen.
Meise:	Wozu diese ew'ge Reise?
	Beide habt ihr eine Meise.
Wanderfalke:	Nichts spricht gegen Wandertrieb,
	Denn im Aufbruch liegt der Sinn.
Faulvogel:	Mir ist nur mein Phlegma lieb,
	Langeweile nehm ich hin.
Wasseramseln:	Uns riet ein entfernter Ohm:
	Paddelt gegen jeden Strom.
Racke:	Weil zu leben heißt zu rackern,
	Überleben nur die Wackern.
Tyrann:	Schweiß? Danach will ich nicht duften.
	Lasst die andern für mich schuften!
Bussard:	Nur die Großen dieser Erde
	Übersehn die große Herde.

Kondor:	Breitet sich ein dunkler Schatten
	Wie zur Sonnenfinsternis
	Über hohe Andenmatten,
	Sei dir meiner Macht gewiss!
Zaunkönig:	Macht? Dazu bedarf es wenig:
	Zäun dich ein und nenn dich König!
Sterntaucher:	Ja, das Universum Ich
	Kreist von ganz allein um dich.
Wendehals:	Jenes Ich zergliedert sich,
	Um ein Ganzes zu bezwecken,
	In ein Sie und in ein Er,
	Die nun ihre Hälse recken:
	Er gen Frau und Sie gen Herr.
Paradiesvogel:	Worum dreht sich Adams Welt?
	Ob's der Eva denn gefällt!
Laubenvogel:	Meine Masche ist das Blau:
	Blaue Beeren, Federn, Muscheln
	Leg ich vor den Laubenbau,
	Worin wir zusammen kuscheln.
Star:	Mir, dem alten Kirschenklauber,
	Mutet's an wie fauler Zauber.
Pfau:	Mag der schwache Konkurrent
	Sich mit fremden Federn schmücken.
	Nur der wahre Balzregent
	Wird die Henne auch beglücken.
Amsel:	Brennt in dir die Lust auf Leiber,
	Doch, als littest schwarze Seuche,
	Meiden dich die prüden Weiber,
	Greif dir eine Vogelscheuche!
Fregattvogel:	Halte reinlich dein Gefieder,
	Lade sie zum Rendezvous,
	Sei charmant, nicht gar zu bieder,
	Und du landest deinen Coup.

Stelze:	Küken locken und erbeuten!
	Nein, wie kann man unverblümt
	Solche Flausen nur verbreiten?
	Anstand ist's, was sich geziemt!
Bienenfresser:	Nicht so zimperlich bei Bienen!
	Fange dir die flotten, kessen,
	Zieh den Stachel, nasch von ihnen,
	Wehrlos sind sie Festtagsfressen.
Auerhahn:	Gut ist jegliche Empfehlung
	Außer eine – die Vermählung.
Auerhenne:	Dir les ich noch die Leviten!
	Schieb's nicht auf die alten Sitten!
Dompfaff:	Heimlich fordern alle Damen,
	Ihr Gemahl sagt Ja und Amen.
Heckenbraunelle:	Ach, als ob mein Mann das wüsste,
	Wonach ich im Traum gelüste!
Rohrsänger:	Seit sie sich vom Pimpf ließ impfen,
	Tu ich wie ein Rohrspatz schimpfen.
Pieper:	Singst du auf geleimter Rute,
	Liegt dir die Musik im Blute.
Sekretär:	Von Geflügels Inhärenz
	Spricht allein die Fluglizenz.
Mauersegler:	Fliegen kann man wohl im Schlafe,
	Doch die Höhe falsch zu pegeln,
	Führt zum Koma schwarzer Schafe,
	Wenn sie gegen Mauern segeln.
Schreiadler:	Wenn ich meinen Schrei ausstoße,
	Fährst du hoch aus der Narkose
Säger:	Und verlangst den Arzt erregt,
	Weil er zu viel abgesägt.
Kiwi:	Welcher Dummkopf sah den Nutzen,
	Mir die Flügel noch zu stutzen?

Spötter:	Lieber Herr Gesangsverein,
	Hier schlägt gleich der Donner drein!
Kreuzschnabel:	Rasselt nicht gleich mit dem Säbel –
	Redet, kreuzet eure Schnäbel!
Schnatterente:	Das gefällt mir unbedingt,
	Wenn man nur mit Worten ringt.
Taube:	Friede über Berg und Tal,
	Wo wir durch die Lüfte streifen,
	Weißer Flügel Ideal –
	Stets vor Augen, nie zum Greifen.
Habicht:	Blutig dafür mein Gewand,
	Weil ich diesen Ulk verlache.
	Besser einen Spatz zur Hand
	Als die Taube auf dem Dache!
Spatz:	Habicht, Eule, Katze, Hund
	Krallt und kratzt und beißt und bellt,
	Führt die Kleinen euch zum Mund –
	Voller Rohheit ist die Welt!
Eule:	Ist ein Teil von unsrem Wesen:
	Machen wenig Federlesen.
Sperber:	Jagd und Hetz? Naturgesetz.
Fasane:	Wenn es die Natur nur wäre!
	Viele unsrer Artgenossen
	Werden bloß aus Spaß geschossen!
Puten:	Ein Verbrechen schwerster Schwere!
	Doch man sollte nicht vergessen,
	Dass auch uns gebührt Beachtung –
	Ihr dürft frei im Felde fressen,
	Wir im Viehstall bis zur Schlachtung!
Wellensittich:	Käfighaltung, das stimmt bitter!
	Wer ist schuld an unsrer Trauer?
	Sperrt die Täter hinter Gitter,
	Werft sie in den Vogelbauer!

Raubwürger:	Löhnet uns fürs Aufruhrstiften,
	Rupfen, Würgen und Vergiften!
Papagei:	Wärter! Ab in die Voliere,
	Dass dir, Strolch, die Zähne klappern!
	Meinst du, dass ich glücklich wäre,
	Ständig Floskeln nachzuplappern?
Wachtel:	Menschen mischen fürs Bankett
	Wachteleier zum Omelett.
Gans:	O, zur Weihnachtszeit, ich schwöre,
	Kauf ich mir ein Findelkind,
	Schieb's statt meiner in die Röhre
	Bis ich's braun und knusprig find!
Specht:	Recht, recht, rät der Specht dem Knecht,
	Wenn er echtes Unrecht rächt.
Steinwälzer:	Alle schwelgen im Genuss
	Außer ich, der Sisyphus.
Rabe:	Kokolores wie Popanzes
	Schrecklich lächerliche Klage!
	Keiner hat wie ich sein ganzes
	Leben rabenschwarze Tage.
Lachmöwe:	Hegst du einmal argen Groll
	Gegen einen der Kollegen,
	Klecks ihn doch von oben voll,
	Spende deinen reinsten Segen!
Wiedehopf:	Dann stinkt er von Fuß bis Kopf
	Widerlich wie Wiedehopf.
Steinschmätzer:	Hart ist, wer auf Rache schwört,
	Härter, wer sich milde stimmt.
	Stark ist, wer im Zorn zerstört,
	Stärker, wer aufs Korn sich nimmt.

Weihe:	Wie die Circusakrobaten
	Auf dem Drahte balancieren,
	Weder die Gewalt verlieren
	Noch Nervosität verraten,
	Breite weihevoll den Fittich,
	Halte Würde, darum bitt ich.
Kolibri:	Sollen Sinne sich besinnen?
	Nein! Davor musst du dich hüten.
	Schnell wird deine Zeit verrinnen,
	Herzen wollen schneller klopfen,
	Also nimm von allen Blüten
	Jeweils einen süßen Tropfen.
Rotschwanz:	Blüten, Frauen sind dasselbe –
	Reichlich Prunk um ein Gewölbe.
Schmutzfink:	Bravourös obszön, wie schön!
Schnepfe:	Bravourös frivol, wie hohl!
Schwan:	Treue ist kein leerer Wahn,
	Hierfür bürge ich als Schwan.
	Eine Hochzeit, eine Frau,
	Der ich ganz mich anvertrau.
Krähe:	Ja zum Jawort und hurra,
	Krächz ich auch ein raues Krah!
Nachtigall:	Und nun Stille, denn dort kommen,
	Meiner Arie zu lauschen,
	Romeo und Julia.
Goldammer:	Habt ihr deren Ruf vernommen,
	Den sie hin und wider tauschen
	Zu dem neckischen Betrieb?
	Wie, wie, wie hab ich dich lieb!
Turteltaube:	In dem Garten steht ein Läubchen
	Für verspielte Turteltäubchen.
Pirol:	Pfingsten tönt von höchstem Rang
	Euch mein liebster Flötensang.

Unzertrennliche:	Nach dem Suchen und Sichfinden
	Folge das Familiegründen.
Adebar:	Wer besorgt den Nachwuchs? Horch!
	Kinder bringt der Klapperstorch.
Kuckuck:	Wünscht ihr ernsthaft für den Rest
	Eures Lebens Plackerei?
	Lernt von mir: Das fremde Nest
	Ward gemacht fürs eigne Ei.
Eichelhäher:	Haltet Vorrat, dies bringt Glück!
	Sparet Münzen wie ich Eicheln,
	Sammelt, sammelt Stück für Stück,
	Wer sie stiehlt, den mögt ihr meucheln!
Elster:	Diebstahl ist, verschrien von allen,
	Angeborne Intention.
	Das Gefundne mir zu krallen,
	Heiß ich rechten Finderlohn!
Regenpfeifer:	Regnet es tagein, tagaus
	Rechnungen in euer Haus,
	Bleibt gelassen, müsst begreifen:
	Auf den Regen ist zu pfeifen.
Kleiber:	Wir, die gutmütig Naiven,
	Mustern derlei Lagen lieber
	Aus verschiednen Perspektiven,
	Beispielsweise auch kopfüber.
Strauß:	Geht's chaotisch drunter, drüber,
	Steht ihr an des Wahnsinns Rand,
	Glüht die Stirne euch im Fieber,
	Steckt die Köpfe in den Sand!
Fliegenschnäpper:	Könnt ihr gar nichts mehr berappen
	Und verlöret Hab und Gut,
	Resigniert nicht, fasset Mut –
	Fliegen kann man immer schnappen.

Geier:	Geiers Segen, Gottes Fluch,
	Naget wer am Hungertuch.
Graureiher:	Bringt ihr ehrlich nichts zu Tische,
	Fangt im Trüben eure Fische.
Ibis:	Wühlet auch das Schlammbad durch,
	Findet manches zum Gebrauch.
	Sind denn Larve oder Lurch
	Schlechter als ein Loch im Bauch?
Raubmöwe:	Kraft gewiefter Mogelei
	Klaut man sich ein Vogelei.
Rohrdommel:	Tarnung, weiß die Jagdelite,
	Ist des Jägers halbe Miete.
Eisvogel:	Schluckt die Beute Kopf voran,
	Sollt doch nicht ersticken dran.
Fischadler:	Hütet euch vor großen Fischen!
	Manchen hat es schon erwischt,
	Der da glaubte zu erwischen
	Und nun unter Wasser fischt.
Austernfischer:	Alles Gute kommt von oben,
	Ist ein Wort in aller Munde,
	Lasst uns auch das Unten loben,
	Denn die Perle liegt am Grunde.
Kiebitz:	Alt ward er, der jung geblieben,
	Weil die Neugier ihn getrieben.
Goldhähnchen:	Bleibt euch großes Glück abhold,
	Wisset, kleines ist von Gold.
Kernbeißer:	Alles Kleine ist auch groß,
	Alles Feste ist auch los,
	Jede Grade ist auch krumm,
	Jede Weisheit ist auch dumm.
	Von dem Kern der Wahrheit wissen
	Einzig, die ihn durchgebissen.

Spottdrossel:	Konntet ihr den Sinn erfassen,
	Der nicht länger wird verschwiegen?
	Alles dürft ihr tun und lassen,
	Außer übern Jordan fliegen.
Schneegänse:	So genießt im vollen Zug
	Eures Lebens Höhenflug!

⁂

Kennen Sie Phasen explosiver Kreativität? Aus einer solchen ging *Das Vogelkonzert* hervor. Das war wie ein Vulkanausbruch an Ideen. Ich brauchte nur im Garten ein Vögelchen zu betrachten oder mir irgendeinen meiner Federfreunde vorzustellen, schon schossen kreuz und quer die Geistesblitze los. Das Schreiben ging so schnell und reibungslos voran, ich war wie beflügelt davon, einen ganzen Vogelstaat in kunterbunten Reimen übers Leben singen und trällern zu lassen – alles auch zu Ehren meiner Großeltern übrigens, die die Vögel genauso bewundern wie ich und deren Hochzeitstag in diese Frühlingszeit fällt. Sie bekamen das Konzert als Geschenk überreicht, als handliches handschriftliches Original mit vielen Vogelbildern im selbstgefilzten Buchumschlag.

Vögel – ach, ich liebe sie so! Wir Menschen könnten uns so viel Leid ersparen, wenn wir ihnen nur wirklich zuzuhören begännen. Und wo ich ihnen überall nachgestiegen bin! Auf einer Vogelpirsch im australischen Queensland habe ich sogar einmal ein ausgewachsenes Krokodil aufgestöbert. Im Sumpfland sah es tatsächlich wie ein solider Baumstamm aus, wovon ich fast schon nach Teichrallen ausschauen wollte.

Und an anderer Stelle war ich so aufgeregt und unvorsichtig, dass ich bei einer Vogelwanderung von einem riesigen, halbrunden Felsblock abrutschte, mir dabei – weil ich mich rückwärts festzukrallen versuchte – die jeweils drei äußeren Fingerkuppen bis aufs blutige Fleisch abrieb und am Ende des Felsens in voller Montur samt Rucksack in ein Wasserloch fiel. Ich stand bis zum Hals in der trüben Brühe, und um meinen Hals hing, jetzt ebenso unter Wasser getaucht, mein lebenswichtigstes Hilfsorgan beim Beobachten von Vögeln – mein Fernglas.

An die Sehnsucht

Wo fliehst du, scheue Göttin, hin?
Davon!
Davon.
Verlässt ihn,
Der sich seelenlos
Durch welke Frühlingstage schleppt.
Bin ich's?
Der junge, sieche Greis,
Den nicht Sonne noch Regen
Zu Tränen bewegt?
Dessen Sinne,
Einst erblüht,
Im Dämmer dorren?

Dich zu missen,
Empfinden statt finden,
Sehnsucht ersehnen,
Wäre Leid und Heilkur.
Allein –
Durchbohrte je dein Pfeil, *eine* Regung,
Diese taube Brust?
Es pocht das Herz
Und schlägt für nichts.
Du fehlst, jedoch –
Du fehlst mir nicht.

Haben Sie sich heute schon einmal die Mitwesen, die uns überall umgeben, gründlich angeschaut? Neulich ging ich zu früher Stunde an einem Feldrain entlang. Es war ein herrlicher Hochsommertag, doch wie ich mich so des Gehens und des blauenden Himmels erfreute, bemerkte ich auf einmal, dass die Blätter an den Büschen und Bäumen neben mir zwar noch grün, aber da und dort bereits angegilbt waren. Sie waren wie die Gesichter von Greisen von allerhand Falten und Runzeln durchzogen. Sie wirkten ausgetrocknet, verschrumpelt und dürstend, zudem krank, denn überall waren ganze Blätterbüschel von Gallen übersät, sie wiesen Löcher, Risse, Fraßspuren auf und bräunliche Altersflecken. Es war offenkundig: Der Regen war längerfristig ausgeblieben und die Pflanzenwelt litt. All die Mirabellen, Hagebutten, Kirsch- und Ahornbäume entlang dieser Zeile trotzten zwar noch der Dürre, hielten sich wacker und aufrecht, aber sie waren vom Sommer gezeichnet. Die linde Frühlingszeit war lange vorüber. Jedes Geschöpf an diesem Saumweg war von irgendwelchen Leiden befallen.

Das erschreckte mich jedoch nicht. Im Gegenteil, mich überkam ein großes Mitgefühl für meine Leidensgenossen am Wegesrand. So ist das eben mit den geborenen Formen – Wachsen, Blühen und Verwelken. Ich brauchte auch nur mich selbst zu betrachten, um augenblicklich zu sehen, dass es dieser Körperform hier nicht anders erging. Allein in dem halben vergangenen Jahr hatte sich dieser Körper bereits mit Kopfbeschwerden, Zahnbeschwerden, Halsbeschwerden, Brustbeschwerden, Knie- und Fußbeschwerden geplagt. Würde man das über ganze Lebensspannen summieren, könnte man meinen, das Leben sei ein Leidensweg, ein einziges Martyrium, und jedes Erdengeschöpf ein Held auf der tragischen Bühne.

Das Gedicht *An die Sehnsucht* erinnert mich auch an eine schwere, irgendwie schwunglose Zeit meines Lebens. Wie die

Pflanzen am Wegrand machte der Bursche hier eine Durststrecke durch. Ein Wunder, dass dabei überhaupt Geschriebenes entstand! Ich sehe das heute als mein erstes vollgültiges ungereimtes Gedicht an. Jeder Reim auf meine Lebenslage wäre mir damals wie blanker Hohn vorgekommen.

Es rieben sich zwei Bären

Es rieben sich zwei Bären
Nachts am Waldgehölz
Im traulichsten Begehren
Bauch an Bauch den Pelz.

Denn mit den Reibungsfunken
Sorgten sie für Licht
Und brummten liebestrunken:
Amor trifft sonst nicht.

Solche Gedichtchen wie *Es rieben sich zwei Bären* gehen mir oftmals viel unmittelbarer zu Herzen als die großartigsten Mahnmale der Dichtkunst. Das Große und Bombastische hat in der Kunstwelt des Menschen doch so oft diesen Beigeschmack von übersteigertem Wollen, von Ich-Prahlerei und Rekordjagd. Ich nehme mich da nicht aus. Auch meine Wenigkeit wollte sich regelmäßig irgendetwas beweisen. Ich kenne genau das Gefühl und das Denken, in diesem Leben etwas Besonderes schaffen, etwas reißen zu müssen, und glaube auch nicht, damit allein dazustehen. Mein Eindruck ist eher, dass genau dieser Drang – nicht unbedeutend sein zu wollen und der Welt seinen Stempel aufzudrücken – fast jedem von uns innewohnt, dass er nahezu alles menschliche Tun infiltriert und sich nur oberflächlich in individuellen Verkleidungen unterscheidet. Weil ich beispielsweise kein Pharao oder kein Bergsteiger war, der mit hinterlassenen Pyramiden beziehungsweise mit Erstbesteigungen aufwarten konnte, weil ich nämlich bloß irgendein lausiger Schreiberling war mit dem Hang, Geschriebenes aneinanderzureihen, mussten für den Nachweis der eigenen Größe und Männlichkeit eben die eigenen Schriften herhalten.

Als Möchtegerndichter kann man sich zum Beispiel wunderbar an Sonetten beweisen. Sonette sind Kurzgedichte mit exakt vorgegebenem Vers- und Strophenmaß. Es ist nicht leicht, ein Sonett nach strengen Kriterien zu schreiben. Ungeübte können das gar nicht, ganz ähnlich wie ein untrainierter Mann nicht in die Muckibude spaziert und aus dem Kalten zwanzig Klimmzüge macht. Den denksportlich geübteren Dichtern, die Sonette routiniert beherrschen, war das nun aber als Herausforderung – wer hätte es anders gedacht – bald auch nicht mehr genug. Also dachte man sich den Sonettenkranz aus. Das ist so in etwa der Achttausender unter den Gipfeln der Dichtkunst. Wer also einen Sonettenkranz schafft, der ist wer in der Szene oder zumindest vor sich selbst.

Ich kann das heute alles nicht mehr so ernst nehmen.
Viel zu viele selbstgefällige Verse schrieb ich!
Einst sah ich Verstand darin.
Heute sehe ich Vers-Tand darin.

So habe ich das vor Jahren einmal ausgedrückt – und war vielleicht sogar mit der Prägung dieses Sprüchleins schon wieder minimal auf etwas Besonderes aus gewesen, wer weiß. Heute jedenfalls träume ich nicht mehr von Sonettenkränzen und ich schreibe auch nicht mehr am weltliterarischen Monumentalwerk. Ich schreibe einfach, wenn ich schriftlich etwas zu sagen habe. Und ich schreibe aus Freude. Es ist die Freude, dabei zuzusehen, wie diese Hand Buchstaben malt, und zuzuhören, wie diese Aufreihung Klänge erzeugt. Das ist so schön. Da muss niemand erst noch irgendetwas reißen. Die Schönheit des Staunens, die Zufriedenheit ist bereits hier. Es ist wie bei der kleinen Pointe des Bärengedichts. Diese zwei Bären lieben sich ja längst schon! Sie sind glücklich und scherzen. Sie sind überhaupt nicht auf Amors Pfeil angewiesen. Sie müssen nichts mehr erhoffen oder erstreben. Die Liebe ist bereits Wirklichkeit.

VASE MIT BODENLOCH

Ein Sonettist ist aufgelegt zu Späßen:
Statt sich in Normen endlos einzuzwängen,
Liebäugelt er, die eigne starre Form zu sprengen,
Denn unter Dichters irdenen Gefäßen
Ist ausgerechnet das Sonett erlesen,
Viel Brei an Kleingeist in sich zu vermengen,
Da hinter festem Maß und Metrums Längen
Manch Stilartist verbirgt sein hohles Wesen.
Wozu die Vase weiterhin tradieren?
Zu oft ward ihr zu wenig Grips gespendet.
Ja, sollte man sie nicht einmal minieren?
Der Dünkel wiche, der sich drin verkrochen.
Wohlan, denkt er, bevor die Strophe endet,
Bohr ich ein kleines unscheinbares Loch .

Ein Freund von mir besuchte einmal einen zoologischen Garten für Meerestiere in Japan. Dieser Zoo war wirklich sehenswert mit attraktiven Anlagen sowohl für die Tiere als auch für die Menschen. Jedes Jahr kamen Zehntausende Besucher hierhin, um die Wunder der Unterwasserwelt zu bestaunen. Auch mein Freund tat das. Er schritt mit wachen Sinnen an den Gehegen und Aquarien vorüber, betrachtete die bunten Fische, Schildkröten, Kraken und Korallen, all diese wundersamen Geschöpfe. Da und dort brachen Kinder lautstark in Begeisterungsrufe aus und zogen ihre Eltern mit sich fort, die nur mit dem Kopf schütteln konnten. Mein Freund übersah auch nicht den Aufwand, der hier betrieben wurde zum Schutz von bedrohten Arten und Ökosystemen, dennoch konnte er die allgemeine Begeisterung nicht ohne weiteres teilen. Trotz all der Attraktionen fehlte ihm etwas.

Schließlich kam er an ein Wasserbecken, worin eine Seekuh schwamm – ein Manati aus der Karibik. Hier verweilte er, um dieses ruhige, unter Wasser schwebende Wesen durch eine Glaswand auf Augenhöhe zu betrachten. Es war unsagbar schön, doch er schaute nicht nur auf die Oberfläche. In diesem Moment erkannte er auf einmal, dass die Seekuh an diesem Ort nicht glücklich war. Er sah es deutlich an ihrer Haltung, an ihrer Art, von Wand zu Wand zu schwimmen, und vor allem an ihrem Gesichtsausdruck. Als Unbeteiligter könnte man das als Einbildung abtun, aber mein Freund war sich sicher – das große Meeressäugetier, das ihm genau ins Gesicht sah, war traurig, und auch mein Freund wurde plötzlich tieftraurig.

Sicher war die Seekuh hier bei artgerechter Haltung untergekommen. In diesem Becken, wo zwar kaum etwas Pflanzliches wuchs und doch niemals Futternot herrschte, würde sie wahrscheinlich viel älter werden als die Manatis in ihrer unbeständigen Heimat. Niemals aber würde sie wieder das offene Weltmeer durchpaddeln, den wogenden Seegang auf ihrer Kuhhaut verspüren, niemals mehr das Grenzenlose auf eigene Seekuh-Weise erkunden. Diese Unbegrenztheit simulierte man in dem Zoopark mit Spiegelglas. Es war an alles gedacht, aber eines konnte kein Wärter hier zeigen, keine Hinweistafel wirklich beschreiben und auch kein Videobildschirm ersetzen – das war die Schönheit der Bewegung eines in wahrer Freiheit lebenden Tieres. Ich bin noch heute meinem Freund dafür dankbar, dass er sich damals beim Anblick dieser Seekuh so tief hat berühren lassen, dass er ihr wirklich begegnet ist und dass er dort sogar geweint hat um sie. Wenn wir fähig sind, tief zu schauen, dann sehen wir manchmal frei von jeder Beschönigung, was wir Menschen angerichtet haben, ja, dass selbst das Gute, was wir tun und schön begründen können, zuweilen immer noch neues Leiden hervorruft. Solch eine Einsicht zu leben bedeutet nun nicht, dass wir uns fortan für die Freilassung aller Seekühe aus den Zoos dieser Erde einsetzen sollen. Das wäre nur das nächste ausschließlich Richtige und Gute, womit wir uns in enge Konstrukte und Bahnen lenken würden. Nein, das hier ist keine Handlungsanweisung! Ich wecke nur gerne die Sehnsucht nach Freiheit. Wir so vernunftbegabten Menschen sperren ja nicht nur Tiere ein, um sie zu retten. Wir sperren uns selbst so oft ein in Normen und Vorstellungen, in Schutzmaßnahmen und Alltagsroutinen, um es angeblich besser zu haben. Aber sind wir mit unserer derart erschaffenen Welt wahrhaft glücklich? Sind wir mit Freude dabei oder ist immer alles gleich dringend und ernst?

Um wirklich lebendig zu bleiben, scheint mir, kommt der Mensch nicht umhin, zumindest gelegentlich aus seinen Normkorsetten und den selbst errichteten Identitätskäfigen auszubrechen. Ab und zu eine mutige Tat, ab und zu ein beherztes Lachen – das hält frischer als dauerndes Prüfen von Richtig und Falsch. Einen winzigen diesbezüglichen Wink gibt mir auch das obige Gedicht – mein zweites von zwei jemals geschriebenen Sonetten, bei dem sich ein kleiner Frechdachs in mir schon nicht mehr an das herkömmlich vorgeschriebene Silbenmaß halten mochte. Die letzte Zeile endet bewusst abrupt mit einem Silbenloch, meinem Schlupfloch damals hinaus aus der geistigen Enge durchnormter Strukturen.

Du liest Gedichte überhaupt nicht gerne

Du liest Gedichte überhaupt nicht gerne,
Sie sind Blabla und Schwafelei für dich.
Besonders Ungereimtes liegt dir ferne,
Und weil dies deines wird, drum reime ich,
Denn einmal möcht ich, dir zum Wohlgefallen,
Schier Unaussprechliches in Strophen ballen.

Es ist, wie soll ich's ohne Stammeln sagen,
Mir unbegreiflich, welches Glück ich fand,
Mit dir des Lebens Auf und Ab zu wagen,
Mit dir durch Dick und Dünn so Hand in Hand
Zu steigen, ja, und sei's drum, auch zu fallen –
Mit dir, du lieblichstes Geschöpf von allen.

Wie oft bist du mein Balsam für die Seele,
Wenn ich verbohrt und einfach müde bin,
Wenn ich mich einsam fühle oder quäle,
Weil ich schon wieder such des Lebens Sinn.
Erst vorhin hat mich Unmut überfallen
Und zog mich fort in seine düstren Hallen.

Ich wurde kühl, berechnend, hart zu andern
Und doppelt hart zu mir, wie du nur weißt.
Auf einmal aber sah ich munter wandern
Dein helles Bild durch meinen trüben Geist.
Ein Sonnenstrahl ließ plötzlich Wärme wallen,
Du lächeltest – und Mauern sind gefallen.

Ich liebe dich, doch sag ich es so selten,
Wohl weil auch ich den klaren Blick verlier.
Manchmal da trennen uns zwei ganze Welten
Und oft treib ich den Keil hinein ins Wir.
Warum? Da gilt es jetzt nicht durchzusteigen!
Ich liebe dich – mehr will ich heut nicht zeigen.

Acht Jahre sind's, seit wir uns erstmals küssten
Auf dieser Waldlichtung im Schoß der Nacht.
O wenn die Sterne zu erzählen wüssten,
Was ich gefühlt hab und erst was gedacht!
Wie schön du bist! Ich muss in Andacht schweigen –
Es übersteigt, wohin je Worte steigen.

Kaum noch ein Heiligtum gilt mir als heilig,
Doch eins ist dieses Tags Erinnerung.
Da stehe ich entwaffnet, da verweil ich
Und sehe dich, erst neunzehn Sommer jung,
Vor mir herauf wie Morgenröte steigen.
Dies Bild wahrt ewig sich mein Herz als eigen.

Die Liebe ist, hier haben's zwei geschrieben,
Kein Märchen und kein Seifenblasentraum.
Verliebte können sich auch wirklich lieben.
Wir gingen weiter, fort vom Waldessaum,
Doch hör ich's noch, das Rauschen in den Zweigen:
Erst wer sich fallen lässt, kann wahrhaft steigen.

Vor vielen Jahren half ich einmal einem Freund beim Umzug. Seine Familie brauchte eine größere Wohnung, denn sie hatten bereits eine Tochter. Während wir Umzugskartons und Hausrat umhertrugen, spielte nun dieses kleine Mädchen mit noch einer anderen Frau, die für diese Stunden die Kinderbetreuung übernommen hatte. Ich weiß heute nicht mehr, was damals geredet oder gespielt wurde. Ich sehe auch nur noch ganz vage, vereinzelte Bilder dieses denkwürdigen Tages vor meinem geistigen Auge, aber etwas hat sich mir tief ins Gedächtnis gebrannt. Es war die vollkommene Schönheit und Wesensart dieser jungen Frau, die die etwa einjährige Tochter meines Freundes betreute.

Diese Frau war so voller Lebendigkeit, voller Lebensfreude, so umsichtig liebevoll mit dem Kind und so schön in allem, was sie tat, dass mir wirklich die Worte dafür fehlen. Wie wunderschön sie aussah mit ihren langen dunkelblonden Haaren, und wie sie mit dem Kind umging, so freudvoll und anstrengungsfrei! Sie wollte das Kind nicht erziehen oder gleich fördern. Sie kam nicht mit Auftrag oder unterschwelliger Absicht zu ihm. Die zwei waren einfach natürlich beisammen und hatten viel Spaß miteinander. Ja, diese Frau hatte ein Herz und ein Händchen für Kinder, das merkte sogar ich. Sie kam vom Land, nicht hier aus der Stadt. War das vielleicht ein Grund für ihre Natürlichkeit? Jedenfalls wollte ich kaum ein Auge von ihr lassen, nicht das kleinste Lächeln von ihr verpassen. Und bis zum Abend hatte es glücklicherweise auch mein Oberstübchen kapiert – dass ich hier verdammt noch eins etwas unternehmen musste, und zwar ganz gewiss etwas völlig anderes als bloß die Verfassung irgendeines lauwarmen Schwärmergedichtes im Nachgang.

Immerhin kannten wir uns auch bereits, denn ziemlich genau zwei Jahre zuvor waren wir uns in der gleichen Wohnung, die nun ausgeräumt wurde, schon einmal auf einer Feier begegnet. Es war kurz vor meiner Abreise zu einem längeren Aufenthalt nach Australien gewesen, und auch damals war sie mir schon aufgefallen. Ich ihr sogar auch, denn sie gab mir auf eigenen Wunsch hin ihre Postadresse, damit ich ihr aus Übersee eine Karte zusenden konnte. Ich versprach, das zu tun, reiste schließlich ab und hatte die ganzen sechs Monate lang in Australien ihre Adresse griffbereit bei mir in der Tasche.

So, und es hilft jetzt nichts. Wir sind nun an der Stelle, wo ich das Einzige gestehen will, was ich wirklich in meinem Leben bereue. Ich habe dieser bezaubernden Frau damals keine Post aus Australien geschickt. Ich habe mein Versprechen gebrochen. Wie ich später erfuhr, hat sie lange auf diese Karte gewartet, auf dieses kleine Zeichen wenigstens minimaler Verbundenheit, dass da jemand ist, der weit in der Ferne noch an sie denkt. Aber nein, dieser Kerl hier hat es nicht zuwege gebracht!

Auch eingedenk mildernder Umstände, wie meiner inneren Not und Zerrissenheit damals, kann ich es mir trotz maximal aufgebrachtem Verständnis heute manchmal nicht verwehren, mich dafür einen Esel zu nennen. Diese Frau hatte nicht nur eine, sondern für jeden Tag eine Karte verdient!

Aber so war es nun einmal: keine Karte, keine Sympathiebekundung, nicht ein einziges Lebenszeichen von mir. Ich hatte sie nach dem allerersten Kennenlernen gleich erst einmal enttäuscht. Es war vielleicht keine Riesenenttäuschung gewesen, und sie rieb es mir an dem Umzugstag, da wir uns wiedertrafen, auch nicht unter die Nase. Das war nicht ihre Art. Sie hat es mir niemals anklagend vorgeworfen. Später konnten wir sogar lachen darüber, aber gerade das Wissen, dass damals ein Flämmchen der Hoffnung nach langem Glimmen schließlich doch erloschen ist, obwohl es nur ganz wenig benötigt hätte um weiterzuleuchten, gerade das berührt mich am meisten.

Sollte mich denn also die männliche Jugend je einmal um einen brauchbaren Rat fürs Leben ersuchen, dann gebe ich ihr dieses mit auf den Weg: Falls euch einmal ein wirklich sympathisches Mädel seine Adresse hinterlässt, dann setzt euch spätestens *heute* auf eure vier Buchstaben hin, schreibt ein paar nette Worte und meldet euch da – es sei denn, jemand legt es ernsthaft darauf an, sich neben mir in die Ahnenlinie der langohrigen Huftiere einzureihen!

Willkommen, Tochter

Du musst nichts Großes tun im Leben,
Musst nirgendwo dein Bestes geben
Und nie dich aus der Menge heben.
Du darfst gedeihn.

Du musst nicht streiten in Vereinen,
Musst, was die Mehrheit meint, nicht meinen,
Musst nicht bejahen, nicht verneinen.
Sag einfach jein.

Du musst nichts werden, nichts verkünden,
Musst weder Titel an dich binden
Noch weit verreisen, um zu finden.
Du darfst hier sein.

Du musst nicht Schätze dir erwerben,
Musst weder hoffen, reich zu erben,
Noch jemals bangen, arm zu sterben.
Die Welt ist dein.

Als unsere erste Tochter geboren wurde, war ich sofort verliebt in sie. Dieses Mädchen war so schön, so quicklebendig. Sie war (und ist natürlich weiterhin) – mit einem Wort – vollkommen. Ich weiß noch, wie wir zwei bereits in ihrem ersten Lebenshalbjahr im großen Bett zusammen kampelten und Flugzeug spielten.

Natürlich regte das auch den Dichter an, ihr für später einmal wenigstens ein paar Zeilen aus dieser Frühlingszeit zu hinterlassen. Statt sie aber damit zu beschreiben, wollte ich meiner Tochter vielmehr sagen, dass sie frei ist. In ganz verständlichen Worten wollte ich sie – wie alt sie auch immer sein würde – daran erinnern, hier sein zu dürfen und die Blüte des Augenblickes mitzugestalten.

Spätere Erfahrungen würden ihr wohl auch anderes vermitteln. Andere Menschen und nicht zuletzt ihr eigener Verstand würden ihr vielleicht einreden, dass sie klein oder hilflos, vielleicht sogar unbedeutend sei und sich deshalb fortwährend anstrengen müsse, um etwas aus sich zu machen oder um irgendwann glücklich zu werden – nun ja, dieser ganze Unsinn eben, den man über die Jahre so aufschnappt und, wenn man nicht aufpasst, zu glauben beginnt. Wenigstens einmal stand es dann aber doch schon geschrieben und in deutliche Versform gemeißelt – die Wahrheit von ihrer Vollkommenheit, von ihrer Freiheit.

Manchmal wünschte ich, jedes Kind dieser Erde würde von seinen leiblichen Menscheneltern und von all seinen Lehrern zu hören bekommen, dass es im Grunde ein Erdenkind ist, ein Lieblingskind von Mutter Erde, und dass es, weil es selbst die Erde ist, überall auf der Welt zu Hause ist.

MUTTERGLÜCK

Von Morgen
Zu Morgen
Von Herzen gern
Voll Sorgen
Umsorgen
Den blinzelnden Stern –
Und ballen sich Fäustchen,
Erzittert das Kinn,
So stillt sie,
Erfüllt sie
Mit liebendem Sinn
Ein Milchbart am Flaum,
Und ein Gähnen im Traum
Ist ihr ganzer Gewinn.

Solche lieblich-zarten Gebilde wie *Mutterglück* kenne ich nur ganz wenige in der Dichtkunst. Sie sind nicht besser als andere Texte und ich bin auch kein Gelehrter auf diesem Gebiet, aber gemäß meiner heutigen Einschätzung sind solche Gedichte auf eine lehrreiche Weise speziell und eben selten. Ich habe viele Tausend meist deutschsprachige Gedichte gelesen, darunter manches, das mir mehr als nur ein bisschen gefallen hat. Selbst unter diesen nach meinem persönlichen Geschmack herausragenden Gedichten befinden sich zumeist aber doch „nur" die würzig-kraftvollen, die witzig-intelligenten oder die tiefsinnig-fundamentalen Werke, die bei aller Unterschiedlichkeit meistens dennoch eines gemeinsam haben – dass sie nämlich auffallen wollen. Sie wollen gesehen werden – vielleicht nicht unbedingt von der Menge, aber von Einzelnen, von Verständigen, und darum wecken sie die Neugier mit allerhand gedanklicher Raffinesse, mit Stilmitteln und Leidenschaft. Das ist auch völlig in Ordnung so. Die Großzahl meiner eigenen Stücke gehört ja selbst zu diesen – sagen wir einmal vorsichtig – ich-betonenden Texten.

Mutterglück zählt aber meines Erachtens zu einer ganz anderen Gruppe, womit ich, wie gesagt, nur versuche, etwas festzustellen ohne damit ein Werturteil zu fällen. Einem Gedicht wie *Mutterglück* geht es nicht um das Gesehenwerden, eher um das Sehen an sich. Die feine Beglückung, die von ihm ausstrahlt, rührt nicht von wortgewaltigen Gedanken, nicht von Effekten oder Hinguckern her. Sie stellt sich innerlich ein, sobald man selber einfach nur sieht, was es zeigt. Solch ein Gedicht wirkt also wie ein kleines geöffnetes Fenster, das selbst rein gar nichts dem Betrachter in den Weg stellt und ihm so die Möglichkeit eröffnet, stehen zu bleiben um etwas dahinter – hier eine Mutter mit Kind – wie von außen zu betrachten. Und weil solch ein Gedicht nicht selber scheinen, nicht auffallen, nicht irgendetwas Besonderes sein will, weil es nur Zwischenraum, also letztendlich nichts ist, wirkt es vollkommen durchlässig, vollkommen klar. Jemand, der hier innehält und hindurchsieht, wird, ob es ihm bewusst ist oder nicht, selber klar im Geiste – so wie jemand, der nicht nur flüchtig in einen klaren Bergsee hineinschaut.

Um so ein leeres, also von jedweder Ichbetonung (aber nicht unbedingt von persönlicher Geschichte) entleertes Gedicht schreiben zu können, reicht es bei weitem nicht aus, sein schriftstellerisches Handwerk zu beherrschen. Vor allem darf der Blick für die Schönheit im Detail, für das liebevolle Ins-Leben-Schauen nicht durch zu viele Gedanken und harte Überzeugungen verbaut worden sein.

Mutterglück ist übrigens das einzige der hier versammelten Gedichte, das vorher schon Aufnahme fand in einer Anthologie (Bibliothek deutschsprachiger Gedichte, Ausgewählte Werke XVIII, 2015). Bisher habe ich mich auch kaum für die Veröffentlichung meiner Gedichte eingesetzt. Meistens lag es mir mehr, die Schaffenskraft in neue Texte fließen zu lassen als in Eigenwerbung und Öffentlichkeitsarbeit.

Pinselstrich ohne dich

Sonne golden,
Klippe schwarz,
Purpurdolden,
Bronzetauben,
Kunterbunter
Papagei,
Feuerrote
Samenschote,
Tang oliv und
Weißer Quarz,
Violette
Muschelkette,
Zimtbesprühtes
Möwenei,
Gelber Strand und
Grüne Heide,
Beiger Sand und
Küstengrieß,
Farbenfreude
Oben, unten,
See türkis und
Himmel blau –
Maler würden hier gesunden,
Mein Tag aber, ach, ist grau!

Geographisch betrachtet war ich niemals weiter von meiner Familie entfernt als im Jahre 2009, als ich – einer meiner extravaganten Launen folgend – wochenlang auf eigene Faust und Kosten den australischen Busch nach einer verschollenen Ameisengattung durchkämmte. Die Ameise war nacht- und kälteaktiv, weshalb ich jeden Abend etwas zu tun hatte – nämlich mit klammen Fingern in den empfindlich kalten Frühjahrsnächten der südwestaustralischen Buschwälder die Baumstämme mit einer Taschenlampe abzuleuchten und nach großäugigen gelben Krabbelviechern Ausschau zu halten, die in dieser Region seit achtzig Jahren kein Mensch mehr zu Gesicht bekommen hatte. Tagsüber aber hatte ich frei. Und wenn man nichts weiter zu tun hat als die paar nötigsten Grundbedürfnisse zu stillen, haben diese Tage in solch abgelegenen Winkeln der Erde die Eigenschaft, sich erstaunlich in die Länge zu ziehen. In Ermangelung menschlicher Gesprächspartner fing ich also an, Vermisstenanzeigen in die lokalen Ameisendialekte zu übersetzen oder auch bei ausgedehnten Monologen mit mir selbst ausgedehnte Streifzüge durch die Natur zu unternehmen. Mir begegneten Emus, Kängurus, Wale und viele andere eigentümliche Geschöpfe, wie der nachfolgende Tagebucheintrag belegt.

Die vermisste Ameise fand ich übrigens nicht. Nachdem ich auch mit mir selbst nach ein paar Tagen kaum noch etwas Nennenswertes zu besprechen hatte, fand ich dafür aber die Muße, zu Schreibstift und Papier zu greifen und endlich loszudichten. Auch Frau Einsamkeit möchte gebührlich in Vers und Reim besungen sein!

Dass ich nicht ganz so verschroben bin, wie mein Ameisentick jetzt vielleicht vermuten lässt, beweist im Übrigen die Tatsache, dass sich das ... *ohne dich* in der Gedichtüberschrift nicht auf ein sechsbeiniges Insekt, sondern auf eine zweibeinige Person bezieht, der ich denn auch den folgenden Eintrag ins damalige Reisetagebuch schrieb:

Australien, Esperance, 1. Oktober 2009

Noch halb in der Nacht zu früh aufgewacht, an die Große gedacht, ob der Kleinen gelacht und raus an die See, an den Steg, aber – he – was liegt dort im Grase und Klee? Ein Tier war's, kein Reh, ohne Hufe und Zeh. Ich geh einmal näher und seh – ach, herrje – einen Löwe der See, ein Seelöwe hier, genau unterm Pier! Sucht der ein Filet? Nein, der hat schon zu viele genossen, ist ein großer, ein Koloss wohl unter Kolossen. Trotzdem blickt er verdrossen, ein bissel allein und verlossen, hat keine Lust auf Späße und Possen. Ihn juckt's, das ist's! Mit den Flossen kratzt er sich vom Bauch bis zur Nas an den Sommersprossen.

Teufel aber auch, denkt er sich. Ich brauch keinen Juckreiz am Bauch, der nicht mehr weggeht, nicht mal, wenn ich tauch'.

Kumpel, ich tät' dich ja jucken ohne zu mucken, sogar auf dem Buckel am Rucken, doch ich fürcht', dass die Leute dann gucken, schief zucken, vielleicht nach uns spucken – zwei Männer, die sich öffentlich jucken!

I'm sorry, Kumpel, I see your worry, but I can only write a short story about your Klage am heutigen Tage, die aufwirft die Frage, warum nicht im Notstand bei Plage auch Männer (nicht nur Frauen) sich öffentlich getrauen dürfen, liebevoll, ohne zu sauen, nacheinander zu schauen und – seien's die Bäuche, seien's die Brauen – sich zärtlich zu kratzen, zu kraulen. Doch Menschen sind ernst und sie maulen:

Was soll das? Die Katzen tun das mit den Tatzen. Die Spatzen tun das mit den Schnäbeln beim Schwatzen. Aber wir stehen überm Getier! Menschen, nicht Tiere sind wir! Und auch Männer sind menschliche Zier und soll'n sich benehmen als solche und nicht als wollust'ge Molche und niedere Strolche!

Tja, Löwe der See, die Menschheit ist noch nicht reif für uns zwee. Wir wollen's erdulden – adé!

Mapooram

Fred Biggs, Stamm Ngeamba, Lake Carjelligo,
und Roland Robinson

übertragen aus dem Australischen

Geh draußen irgendwo schlafen. Du legst dich hin.
Ein Wind weht und du hörst dieses Mapooram.
„Was ist das?", sagst du. Das ist ein Mapooram.
Du gehst und du entdeckst, dieser Baum reibt sich selbst.
Er macht Geräusche aller Art im Wind.
Es könnte ein Schaf sein oder eine Katze
oder ein weinendes Baby oder jemand, der ruft,
eine Art pfeifendes Rufen, sobald der Wind
weht und so zwei Äste schwingt und reibt.

Ein Wirreengun, ein schlaues Kerlchen, singt
der Baum. Er summt ein Lied, ein Mapooram:
ein Lied, das Dinge verdeckt oder Dinge hervorbringt,
ein Lied, das ein Mädchen, eine Frau
hervor aus dem Baum bringt.
Sie hat langes Haar, es fällt ihren Rücken hinab.
Er hat sie für sich. Er wird sie nun behalten.

Eines regengrauen Abends
bauten sie, Rinde abziehend, ein Mia-mia.
Du warst eine Weile draußen im Busch und kennst
diese uralten Pinien mit lose blätternder Rinde.
Du weißt, man kriegt viel Rinde von solchen alten
Pinien, bevor sie verrotten und vergehen.
Diese Frau von dem Baum, sie zog an dieser Rinde.
Es riss ab, hoch und höher am Baum. Es zog
sie hoch, hinein in den Baum, hoch, hoch hinein in den Himmel.

Dann war sie fort. Das war das Ende davon.
Zurück konnte sie das Wirreengun nicht rufen.

Mapooram, Mapooram. „Was ist das?", sagst du.
Zwei Äste eben, die im Wind sich reiben.

☙

Ein australischer Literaturkritiker hatte Anfang des 21. Jahrhunderts einen Gedichtband mit etwa 60 Gedichten herausgegeben, deren Verfasser allesamt Australier waren. Es war ein ausgezeichnet kommentierter Querschnitt durch die Dichtkunst down under, den ich glücklicherweise hautnah im echten Kontakt mit Australien, nämlich im Nirgendwo umwölkt von Buschfliegenschwärmen durchlesen konnte.

Ja, auch die Australier sind Meister der Versschmiedekunst! Das wurde mir sehr schnell bewusst. Doch nicht nur die Gedichte waren herrlich, auch der Kommentator hatte sich selbst übertroffen. Er sprach von diesen erlesenen Werken mit einer Warmherzigkeit und Leidenschaft ohnegleichen, dabei aber trotzdem auch nüchtern die Fakten zusammentragend und stellenweise rasiermesserscharf analytisch. Alles hatte Hand und Fuß bei ihm. Alles war sorgsam recherchiert, durchdacht und aufbereitet – hochwissenschaftlich, möchte ich sagen – und doch hatte sein immenses Gelehrtenwissen nirgends das Glimmen seiner ursprünglichen Freude, seiner innigen Liebe zur Poesie überschattet oder verbaut. Die Freude schien bei all seinen scharfsinnigen Kommentaren hindurch. Hier waren Herz und Verstand in Hochzeit verbunden. Dieses wunderbare Buch zu lesen war für mich wie von Meisterköchen bekocht und vom glücklichen Restaurantchef persönlich bewirtet zu werden. Kein Wunder, dass das inspirierend wirkt! Zwölf Gedichte meiner Gedichtauswahl hier entstammen dem einen Monat meines damaligen Australienaufenthaltes.

Im besagten englischsprachigen Buch australischer Poeten befand sich nun auch ein Gedicht, das mich von allen am tiefsten bewegte. Erstmals in meinem Leben fühlte ich mich dadurch zu einer freien Übertragung ins Deutsche berufen. Dieses eigenartige uraustralische Stück namens *Mapooram* stach schon aufgrund seiner ungereimten, ja beinah unpoetischen Sonderform und Ausdrucksweise aus dem Sammelband hervor. Auf den ersten Blick schien es überhaupt nicht glanzvoll gedichtet. Es wirkte wie ein Fließtext, in den man nur ein paar Zeilenumbrüche eingebaut hatte. Man nennt das in der Zunft bisweilen etwas spöttisch „in Verse gebrochene Prosa".

Aber der Inhalt, der Inhalt bestimmt auch die Form! Ein kunstvoll zusammengereimtes Strophenmaß europäischer Herkunft wäre hier völlig unangebracht, denn es geht in *Mapooram* um den Busch, um das Natürliche, Ungeschminkte, um den einsamen Outback fernab von jeglicher Straßenbeleuchtung.

Und ich war hier draußen. Ich lebte hier unter den Kronen der Eukalyptusbäume, wochenlang mutterseelenallein. Ich wusste dadurch, was es bedeutet, dem Blätterrauschen zu lauschen. Ich wusste, wie sich das anfühlt, wenn bei Windstille tief, tief nachts ein Eulenschrei plötzlich die Stille zerreißt. Und ich wusste, was es wiederum heißt, wenn der Baum dir wieder ein Lied singt, weil die schraubig gewundenen Äste sich kreuzen und nächtelang reiben im Wind.

Es ist schwer zu beschreiben, doch eigentlich las ich damals nicht *Mapooram*, ich erlebte es. Und dieses Draußenleben ist bei aller Schlichtheit, bei aller Armut an Reizen so reich, so Fantasie anregend, so vollkommen andersartig als daheim auf dem Sofa was auch immer zu tun und insgeheim nur den kommenden Montag zu fürchten. Unter den Bäumen da draußen verliert sich die Zeit. Es verliert sich gar manches, was wir sonst für so wichtig halten und für vernünftig. Solch ein Entzug, solch ein Verlust vom so genannten Wichtigen zeigt uns oft erst, was im Leben von wahrer Bedeutung ist.

MEINE FREUNDE

„Erzählst du mir von deinen Freunden?", fragst du.
So höre:
Manchmal stört mich das Wort
Freund.
Es stört mich dann wie ein Zaun, denn
Zäunt es nicht ein?
Zieht es nicht eine Grenze?
Trennt es nicht einmal mehr Menschen
Von Menschen,
Also nähere Freunde
Von weiteren Bekannten?
Ja, das tut es, denke ich dann
Und möchte das Wort am liebsten
Auflösen.
Der hier ist mein Freund,
Der dort nicht.
Wie hört sich das an!
Und dennoch –
Ich sehe ihre Gesichter,
Höre ihre Stimmen,
Eben ihre,
Und schon atme ich auf.
Sie wissen auch alle, dass Freund
Nur ein Wort ist und dass Freundschaft
Über Worte hinausgeht.

Thoralf:
Ihn kenne ich am längsten,
Und doch vielleicht am wenigsten.
Er ist wie der Fluss, an dem ich lebe.

Immer wieder
Kreuzen sich unsere Wege
Und immer wieder
Laufen wir lange parallel.
Nicht oft,
Aber auch nicht zu selten
Klart sein Wasser völlig auf.
Dann lässt er seine tiefsten, reinen Gründe blicken
Und ich stehe wie verzaubert.
Mein Leben am Flusstal –
Was wäre es ohne den Fluss?

Roy:
Meist bin ich also unten am Fluss.
Hier ist die Stadt.
Wenn ich jedoch verreise,
Dann fehlen mir nicht zuletzt die Berge.
Richtig,
Mein Fluss ist auch von Bergen umgeben.
Der markanteste dieser Berge
Hat eine schroffe,
Das Tal bewachende Felsstirn.
Nur die es ernst meinen, lässt er hinauf.
Ich bin selten oben,
Zu selten sicher,
Aber immer wenn ich dort stehe,
Ist es befreiend.
Wir blicken dann zusammen
Auf und hinweg über
All die kleiner werdenden Wichtigkeiten.
Es ist gut,
Diesen Berg im Rücken zu haben.

Ich sehe ihn und seine Stirn
Überall in der Fremde.
Dieser Berg ist mein Freund.
Dieser Freund ist mein Berg.

Danny:
Er wanderte.
Wir anderen gingen vielleicht spazieren,
Er aber wanderte.
Er wanderte überall hin,
Gern mit anderen,
Gern allein,
Gern in die Natur,
Doch gern auch hinein
In andere Menschen.
Er hatte diese Gabe.
Er verstand Menschen wie kein zweiter
Und er verstand es,
Wie ein echter Lehrer,
Sich darüber verständlich zu machen.
Er las in Menschen
Nicht wie in Büchern,
Sondern wie in Bibliotheken.
Natürlich war auch ich
Schon ein paar Jährchen dabei
Und glaubte, ich hätte Menschenkenntnis
Und sei durchaus bewandert
In den Bezirken ihrer Persönlichkeiten.
Also erzählte ich dies und das.
Und dann nahm er mich bei der Hand
Und zeigte mir, dass Persönlichkeiten
Weniger Bezirke sind als vielmehr
Kontinente.

Fabian:
Er liebte Musik, er liebte Gesteine.
Das Weiche, das Harte,
Gefühl und Verstand,
Kunst und Wissenschaft
– er wusste es –
Sind eins.
Zwei Strömen,
Die der Mensch, ach, oft in Bahnen zwängt,
Traute dieser Mensch sich an
Und sie
– er fühlte es –
Sie fließen ineinander.

Thomas:
Ich malte soeben ein Bild von der Stadt,
Eine Ansicht von Häusern,
Da sagte er: „Ich sehe dies:
Die meisten Menschen hier überleben nur,
Sie leben aber nicht."
Ich tauchte den Pinsel gerade ins Grau,
Setzte ihn auf und zog einen Strich.
Wie er das meinte, fragte ich.
Ohne abzusetzen
Übernahm er meinen Pinsel,
Führte fort meinen Strich
Über mein Haus,
Über die Stadt,
Über den Blattrand hinaus und zog einen
Regenbogen.

Marcus:
Ihn vermisse ich gerade besonders.
Wie sind wir nur Freunde geworden?
Vor zwanzig Jahren
Hinter der Schule
Lachten wir alle,
Auch die Mädchen,
Lauthals und schrill,
Außer du,
Du hast geschrien wie am Spieß
In deinem stinkenden Trog
Voll faulenden Küchenmülls,
Wogegen wir spuckten, traten, mit Stöcken schlugen,
Urinierten,
Und ich damals
Ganz vorne dabei
Den Deckel niederdrückte,
Vom Rand
Deine blutigen Finger verbog –
Und heute?

Björn:
„Ich bin kein Koch",
Stellte er manchmal bei Vorstellungen richtig,
„Ich bin jemand, der kocht."
Er hatte keine ferngesteckten Ziele.
Er hatte keine besonderen Wünsche.
Selbst der Wunsch, wunschlos zu sein,
War ihm zu eng.
Aber er lebte für etwas.
Er lebte für Freiheit.

„Frei wie ein Vogel?", fragst du.
Nein.
„Frei wie ein Heiliger?"
Nein, nur frei,
Frei auch von schönen Bildern und Idealen,
Eben frei.
Und er wusste, dass schon der kleinste Ehrgeiz,
Diese Freiheit erlangen zu wollen, unfrei machte.
„Wie kann man das dann schaffen?", fragst du.
Vielleicht einfach indem man eben nichts schaffen will,
Sondern schafft.
„Ist das überhaupt noch menschlich?"
Nun, wir lachten sehr viel zusammen
Und vielleicht ist sogar
Erst das
Überhaupt menschlich.

Kennen Sie das Glück, etwas für sich persönlich absolut Sinnvolles zu tun, ohne dabei abgelenkt oder von irgendwem – auch nicht vom eigenen inneren Antreiber – vorwärts gedrängt zu werden? Kennen Sie friedvolles Tun? Solches Tun bringt, ohne auf Resultate fixiert zu sein, dennoch Erstaunliches hervor. Das Gedicht *Meine Freunde* entstand jedenfalls aus solch einer Geistesverfassung, aus einer Zeit der ruhevollen Besinnung unter dem westaustralischen Himmel. Es wurde mir dort geschenkt, denn ich empfinde es als Geschenk, mich tagelang ungestört einer wichtigen Sache widmen zu können – hier der Beziehung zu einigen meiner langjährigen Freunde.

Es geschehen und gedeihen so wundervolle Dinge, sobald man das Leben ohne Hektik betrachtet. Ohne zu übertreiben kann ich wohl sagen, dass ich mir für jeden hierin erwähnten Freund und seinen kurzen zugehörigen Text mindestens einen Tag lang Zeit gelassen habe. Hatten Sie schon einmal die Muße, die Gelegenheit, einen ganzen Tag oder auch nur eine Stunde lang einen von Ihnen geliebten Menschen nicht aus Sehnsucht, aus innerer Not oder Habenwollen, sondern aus Freude, aus freundschaftlichem Interesse vor Ihrem geistigen Auge aufleben zu lassen, ihm einfach zuzusehen, wie er ist, ihm zuzuhören, was und wie und warum er irgendetwas spricht?

Diese Menschen waren es mir wert. Ich habe damals bewusst die Entscheidung getroffen, mich in dieser günstigen Umgebung ausgiebiger mit ihnen zu befassen. Geographisch waren wir zwar voneinander entrückt, in Wirklichkeit aber waren sie ganz gegenwärtig. Sie waren mir nah, sogar näher als nah, weil ich sie hereinließ. Mich am anderen Ende der Welt, umgeben von menschenleerem Buschland, wirklich tage- und nächtelang mit diesen lichten Geschöpfen geistig auseinanderzusetzen, ihnen Raum zur Entfaltung zu geben, ihre Gesichter anzulächeln und Erinnerungen wieder farbig zu malen, das war pure Erholung für mich wie eine Kur mit Sonnenbädern im Frühling.

Nach vier Wochen Wildnis – Albany

Man wirbt hier mit Seefahrtsentdeckergeschichte.
Ich freute mich auf Leute und Stadt.
Ich kaufte Brot. – Ob sie auch Schmierblätter hat?
Ich erklärte, ich reime Gedichte.

Sie werben – und ob – an der Küste mit Walen.
Sie stutzte. Ich stutzte den Bart mir wohl schief.
Ob sie deshalb nach der Kollegin rief?
Ich wollte das Brot doch bezahlen.

Ein Baum, weltweit an Größe der dritte,
Wächst gleichfalls – natürlich – unweit von hier.
Endlich holt sie vom Abfall drei Zettel oder vier.
„Zwei für's Brot ... Zwei zwanzig dann bitte!"

Sie lächelt, als werbe sie nun für den Weingeist.
Stadt, sei willkommen! Du gewinnst mich im Nu.
Alles ist edel und groß hier, selbst du,
O herzlich willkommener Kleingeist!

Nachdem ich einen Monat lang das australische Hinterland nach Ameisen durchwühlt hatte, freute ich mich wieder auf menschliche Kontakte. Es reichte mir nicht mehr, allmorgendlich mein Spiegelbild im Wassertopf zu begrüßen. Ich wollte auch mit anderen Artgenossen sprechen, nicht nur mit diesem mir immer fremder, immer *artfremder* vorkommenden Waldschrat, dessen behaarte Visage sich grinsend darin spiegelte. Also biss ich die Zähne zusammen und nahm mir mit eiskaltem Wasser, stumpfer Klinge und ohne Rasierschaum den Bart ab. Es dauerte eine schmerzhafte Weile, doch am Ende sah es so aus, als ob ich in der nächsten Stadt nicht sofort mit einem aus dem Zoo entlaufenen Menschenaffen verwechselt werden würde.

Frohgemut packte ich danach meine Siebensachen und fuhr die Südküste Australiens entlang, um Albany anzusteuern, den ersten größeren Außenposten menschlicher Zivilisation auf meinem Heimweg nach Europa. Hier gedachte ich erstens etwas Essbares aufzutreiben und zweitens mein in den letzten Wochen etwas zu kurz gekommenes Bedürfnis nach sozialer zwischenmenschlicher Interaktion endlich zu stillen. Ameisen sind zwar auch hochsoziale Tiere, ihr diesbezügliches Entgegenkommen mir gegenüber erwies sich aber doch recht oft als unbefriedigend, spätestens wenn ich von halben Armeen bepinkelt und gestochen wurde. Bei all der Abgeschiedenheit zuletzt freute ich mich also dermaßen auf ganz gewöhnliche Leute, auf lärmende Kinder und platte Alltagsgespräche über Wehwehchen und Wetter, dass ich mir gar nicht mehr vorzustellen vermochte, wie man von Menschen (nicht nur von Ameisen) auch die Nase gestrichen voll haben konnte.

Doch dann geschah Albany, Westaustralien. Danach sehnte ich mir bereits wieder die menschenleere Wildnis herbei. Die allererste kontaktbereite Vertreterin meiner eigenen Spezies – eine etwa fünfzigjährige Ladenverkäuferin – hatte mich doch gefühlt gar nicht wie einen Menschen, wie einen ihresgleichen behandelt, sondern eher wie einen befremdlich aus der Art gefallenen Dümmling. Dabei hatte ich mich extra für sie frisch rasiert! Na gut, in meinen etwas abgehalfterten Klamotten und mit dem Dutzend Schnittwunden von der Torturrasur im Gesicht sah ich vielleicht wirklich nicht gleich auf den ersten Blick aus wie Mamas Lieblingsschwiegersohn.

Letzte Höhe

Horst Neubacher zum Gedenken

Schwarze Wolken ballen
Drohend sich am Kap.
Möwenschreie hallen
Fernher, sterben ab.

Abenddämmrungs triste
Streifen schwinden fort.
Über Fels und Küste
Heult ein kalter Nord.

Wogen, sturmgetrieben,
Schaum in Flut vermischt,
Branden auf, zerstieben
Am Geklüft in Gischt.

Regen peitscht die Höhe,
Chaos wühlt im Sund,
Brüllend wo ich stehe
Stumm als Kreuz am Schlund.

☙

Bei diesem Gedicht denke ich immer an meinen Großonkel Horst Neubacher, der leider kurz vor der Fertigstellung dieses Bandes, den er genauso erwartet hat wie ich, verstorben ist. Onkel Horst war der größte Bücherwurm unserer Familie. Auf jedem Trödel- und Flohmarkt suchte er alle Buchstände nach ungeahnten Schnäppchen ab. Über die Jahre hatte er sein ganzes Wohnhaus in eine Bibliothek umgewandelt. In jedem Raum von der Vorratskammer bis hinauf zum Spitzboden stapelten und reihten sich Bücher über Bücher, Bände über Bände aus allen Genres, allen Erdteilen und Wissensgebieten – alle natürlich nach einem festen System geordnet, das nur unser Onkel selber in etwa verstand. Es waren so unglaublich viele Bücher, dass all der Platz mit drei Stockwerken nicht ausreichte, um sie einreihig aufzustellen. So verbargen sich also hinter den vielen Buchrücken vielerorts noch einmal so viele Bücher in der zweiten oder gar dritten Reihe, weshalb seine Frau nicht ganz grundlos befürchtete, dass eines unheilvollen Tages das ganze Haus einmal unter der Traglast zusammenbrechen und einen einzigen Bücherberg bilden könnte.

Warum das bis heute nicht geschehen ist, liegt vielleicht daran, dass unser Onkel nicht nur ein großer Sammler, sondern auch ein spendabler Verteiler von Schriftwerken war. Sowohl in seiner Großfamilie als auch in seiner Nachbarschaft lässt sich wohl kaum ein Mensch und mit Sicherheit kein einziges Kind in lesefähigem Alter benennen, der oder das nicht mit einem mehr oder weniger großen Stapel persönlicher Lieblingslektüre von ihm versorgt worden ist. So hielt sich also der Im- und Export von Bücherwaren seines Grundstücks in etwa die Waage.

Onkel Horst war auch ein Gedichtefreund. Zeitlebens war er der Lyrik und ihren besten Werken aufs Innigste verbunden gewesen. Gedichte hatten ihm schon als jungem Heranwachsenden in den schweren Nachkriegsjahren seelischen Halt gegeben. Er war als Waise und Flüchtlingskind nach Thüringen gekommen, nur um bald wieder vor den nächsten politischen Zwängen zu fliehen. Dadurch wusste er als Entwurzelter aber auch den Rückhalt und Schutzraum zu schätzen, den man in wahrhaft kunstvollen, zutiefst humanistischen Werken immer wieder finden und zur Entlastung aufsuchen kann.

Warum ich nun ausgerechnet bei *Letzte Höhe* an meinen lieben Onkel denken muss, liegt an seinem speziellen Gedichtebewertungssystem, womit er dereinst auch meine gesammelten Gedichte begutachtet hat. So wie die Bücher seines Hauses einer systematischen, wenn auch nicht für Außenstehende gleich nachvollziehbaren Ordnung unterworfen waren, so hatte er – von Berufs wegen Lehrer und Schuldirektor – nämlich auch ein System entwickelt, wonach er Gedichte gemäß ihrer Güteklasse präzise einordnen konnte. Er vergab dazu neben der Textüberschrift Kreise und Kreuze, und zwar allerhöchstens drei pro Gedicht. Wieso er bei dem einen Werk nun gerade Kreuze, beim nächsten wiederum Kreise und beim dritten beide Zeichen zusammen vermerkt hat, habe ich trotz Nachfrage nie herausfinden können. Fakt war aber, dass Gedichte mit einem Kreis oder Kreuz bereits als gut und lesenswert eingestuft waren und dass die Vergabe von drei gleichen Zeichen dem höchsten aller Gefühle entsprach. Das waren die besten der besten Gedichte, eben die aus dem Dichterolymp, die die Welt nur selten einmal zu sehen bekommt. Die Kernstellen waren auch farbig markiert, und da Gedichte bekanntlich nicht selten bereits knappe Kernaussagen sind, war oftmals der ganze Text doppelt und fett unterstrichen.

Wenn Sie jetzt vermuten, dass *Letzte Höhe* nach Onkel Horsts Durchsicht eines dieser mit drei gleichen Zeichen versehenen Gedichte war, dann liegen Sie fast richtig. Als ich meine Sammlung schließlich zurückbekam und durchblätterte, staunte ich über die vielen Kreise und Kreuze darin. Ich freute mich überaus, denn als junger Vorreiter einer bisweilen als brotlose Kunst missachteten Literaturgattung tat mir Zuspruch sehr gut, zumal von einem Kenner, der Vergleichsmaterial von zehntausenden Gedichten aus aller Welt im Hinterkopf hatte. Über die Seiten wurden die Kreise und Kreuzchen sogar immer häufiger. Dann schlug ich plötzlich *Letzte Höhe* auf und meine Augen weiteten sich. Es hatte *vier* Kreuze bekommen! Kein Irrtum, es hatte Onkel Horsts jahrzehntelang bestehenden Bewertungsmaßstab gesprengt. Es war damals sein absolutes Lieblingsgedicht – und das freut mich auch heute noch.

Schüler Klingsor
vor der Prüfungskommission

Wozu die Nase vergraben ins staubige Buch
Und mit Unrat befüllen zum Bersten das Hirn?
Gelebte Gefühle sind alles.
Nichts ist gepaukte Gelehrtheit als tot.

Ekligen Totenkult treibt ihr Magister mit uns,
Trichtert Schülern das trockne Gedankenaas ein
Und fordert zur Prüfung Erbrechen.
Schulmeistert also! Ich speie vor euch.

Büffeln, orakelt ihr, soll der Eleve zum Zweck
Für erfolgreiches Zeugnis und späteres Amt.
Ihr krächzt immer Zukunft, Zukunft.
Heute allein blüht der Raps auf dem Feld!

Heute umweht mich ein Zephir voll Maiwindparfüm,
Nur heute erstrahlst du, mein schwebend Gewölk,
Im Brautweiß dem Schwärmer. O wirf dich,
Herz, an den Busen der Göttin Natur!

Sauge den Lenz ein! Belebe, erhebe dich, Geist,
Hinüber, hinauf zu den blauenden Höhn!
Schwelle, Brust, atmet, ihr Lungen!
Morgen schon starrt alles welk und verbrannt.

Am Ende meiner dreijährigen Krankenpflegelehrzeit stand uns Auszubildenden eine Serie von Abschlussprüfungen bevor. Natürlich ist es wichtig, sein über die Lehrjahre erworbenes Wissen unter Beweis zu stellen. Oftmals fühlten wir jungen Menschen uns vor dieser Prüfungszeit aber nur enorm unter Druck gesetzt. Viele hatten Prüfungsangst, weil sie über Monate und Jahre hinweg mit erhobenem Zeigefinger darauf aufmerksam gemacht worden waren, wie überaus zukunftsweisend dieses Ereignis für uns sei.

Heute tun mir nicht nur die Schüler, Lehrlinge und Studenten Leid, die solchermaßen unter Daueranspannung auf den Tag ihres Lebens zuzusteuern glauben, an dem sie entweder alles erreichen oder alles vermasseln können. Genauso Leid tun mir auch all die Lehrer und Dozenten, denn sie stehen selber durch die übervollen Lehrpläne und ihre eigenen Prüfungserfahrungen unter Zeit- und Erfolgsdruck. Im Grunde leiten sie nur den Druck, den sie selbst empfangen und den ihr eigener innerer Antreiber aufbaut, auf andere Menschen weiter.

Manche unserer Ausbilder vermochten es nicht oder kaum, uns die Faszination am Wissen zu vermitteln. Heute sehe ich das bereits als Alarmzeichen an. Es weist auf Erschöpfung oder Unausgeglichenheit hin, auf inneres Getriebensein, begleitet von einem Mangel an der Fähigkeit, selbst das Wunder des Lebens berühren zu können.

Die Lehrpläne sind meines Erachtens derart vollgestopft mit scheinbaren Wichtigkeiten, dass unsere Lehrer zwangsläufig nur damit beschäftigt sind, rechtzeitig durch den Stoff zu kommen. Das ist von vornherein ein Wettlauf gegen die Zeit. Wenn alles zur Prüfung abgefragt werden kann, dann müssen sie natürlich auch alles in der Unterrichtszeit behandeln. Sie haben kaum die Chance, Rücksicht auf den Zustand ihrer Schülerinnen und Schüler zu nehmen, geschweige denn sich entspannt und freudvoll dem echten Interessengebiet einer Klasse doppelt so lang wie veranschlagt zu widmen. Im Grunde ähneln sie armen Bauern in Leibeigenschaft, die einzig gemäß den Vorgaben ihrer Fronherren ganz bestimmte Sorten und Mengen von Samen auf ihren Feldern aussäen müssen – und zwar ganzjährig, egal wie dicht oder zugefroren der Boden auch ist. Das ist ernüchternd, frustrierend und droht selbst die hingebungsvollsten Lehrerinnen und Lehrer irgendwann auszulaugen. Im Schüler werden so die Freude am Lernen und die Ehrfurcht vorm Wissen systematisch abgetötet. Statt ihrer stellt sich leistungsorientierter Erfolgszwang ein oder – bei denen, die die Zähne nicht lang genug zusammenbeißen können – Niedergeschlagenheit.

Wir dürfen unsere Kinder geistig nicht derart verkrüppeln! Sehen Sie zum Beispiel die Gefahr, die schon vom Vergleichen ausgeht? Auch nur ein einziges Menschenkind an einem anderen zu messen und dessen Sein aufgrund von Messergebnissen abzuwerten ist ein Gewaltakt, ganz zu schweigen von den heutzutage so hoch im Kurs stehenden internationalen Vergleichsstudien, womit uns so genannte Experten gerne weismachen, wie man ganze Kindergenerationen nach skandinavischem oder fernöstlichem Standard noch intelligenter und in der Stoffbewältigung hocheffizient machen kann. Solche Studien tun mir weh. Ist denn Intelligenz nur ein messbarer Züchtungserfolg? Ich frage mich, ob der Geist, aus dem heraus solche Vergleiche einseitig nach Leistungssteigerung interpretiert werden, ein Geist ist, der uns Frieden schenkt, ob er selbst wirklich mit sich im Reinen ist.

Jeder, der ein Minimum an Selbstbeobachtung aufbringt, kann unschwer entdecken, dass Überhäufung mit Wissen nicht unbedingt zu einer Erweiterung des Denkhorizonts führt. Manchmal verengt das nur den bestehenden Fokus bis hin zur Fachidiotie. Durch massive Beimpfung mit Spezialwissen schlau gemachte Menschen können zwar auf mechanische Weise Spitzenleistungen zeigen, detaillierte Fakten herunterbeten oder beweisen, was alles unsinnig ist auf einem Gebiet und was man optimieren müsste. Nicht selten verlernen sie aber das Glücklichsein. Sie finden es schwer oder sinnlos, auch nur kurzzeitig stillzusitzen und nichts zu tun außer im Frieden zu sein. Wozu soll Wissen denn aber gut und tauglich sein, wenn nicht dazu, dass man zufrieden lebt?

An unseren Bildungsstätten geht es heutzutage immer noch eher nebensächlich um friedvolles Zusammensein, um tiefes Verständnis und Kreativität. Hauptsächlich geht es um Stoff, um Programme, ums Durchkommen. Was kommt als nächstes? Was kommt als nächstes? Mit diesem Satz lässt sich der Schulalltag und auch die Lehr- und Studienzeit vieler Menschen ganz gut beschreiben. Es ist ein Dauerlauf, ein Vorwärtsmüssen, ein endloser Wettkampf. Wer innehält, wird abgehängt. Wer glücklich ist, niemanden stört, aber weniger leistet, der wird trotzdem schlechter benotet, also bestraft. Das sind harte Worte: Wir trainieren unseren Kindern das geduldige Schauen, das zufriedene Hiersein, das Gespür fürs eigene Tempo geradezu ab, besonders wenn es auf Prüfungen zugeht.

Warum tun wir das? Glauben Sie mir nicht, prüfen Sie es selbst: Weil es uns kaum bewusst ist. Weil wir selber nicht wissen, wie wir friedvoll sein können. Weil auch uns kaum jemand vorgelebt hat, wie wertvoll es ist, staunend, nicht gleich wissend ins Leben zu schauen, wie entspannend es sein kann, einfach zu gehen, und wie natürlich es ist, sich grundlos zu freuen. Wir haben selber verlernt, auch nur ein Viertelstündchen lang unseren Körper spürend in uns zu ruhen – ohne Sorgenkino, ohne Spielzeug, ohne Unterhaltungsmusik. Immer brauchen wir doch gleich irgendetwas, um – kurzfristig – befriedigt zu sein – mehr Unterhaltung, mehr Wissen, mehr Anreize. Und aus dieser Verfassung heraus, aus dem ständigen Verlangen, dieses und jenes zu brauchen, entstehen eben auch volle Lehrpläne und große Stoffgebiete, die die Schülergeneration bewältigen muss, um fürs Leben angeblich besser gerüstet zu sein. Menschen, die selber nicht wirklich im Frieden sind, geben vor, was Kinder in welcher Geschwindigkeit lernen sollen, um gut zu leben. Das ist nach wie vor Schule.

Noch heute stimmt es mich nachdenklich, was eine Mitschülerin einmal nach einem langen Unterrichtstag an der Pflegeschule gesagt hat. „Wir haben heute so viele wissenswerte und schöne Sachen gelernt. Aber ist das nicht schade?", fragte sie damals mit trauriger Stimme, als wir heraus aus dem Schulgebäude traten. „Ich weiß ja jetzt schon, dass ich mir kaum etwas davon verinnerlichen kann, weil wir morgen wieder mit einem neuen, genauso großen Haufen überschüttet werden."

Gute Nacht, Angst!

Alles,
wovor ich Angst hatte –
allein in den dunklen Keller zu gehen,
mich vor anderen zu entblößen,
tief im Herzen kein Indianer zu sein,
meinen Bruder zu verlieren,
dass meine Eltern nicht mehr heimkommen würden,
im Wettkampf zu versagen,
auf halber Strecke liegen zu bleiben,
Schwäche zuzugeben oder als Schwächling zu gelten,
dass jemand meine dünnen Beine als dünn bezeichnet,
nur zwanzig Klimmzüge zu schaffen,
für meine Freunde nur leben,
aber nicht für sie sterben zu können,
schlechte Gedichte zu schreiben,
nachts allein im Wald zu schlafen,
mittelmäßige Gedichte zu schreiben,
nie mehr über staubige Feldwege zu wandern,
nie mehr das Meer sehen zu können,
früh am Morgen mit Mundgeruch andere anzuatmen,
beim Masturbieren erwischt zu werden,
dass wieder der Schmerz in meinen unteren Rücken schießt,
dass niemand meine Schriften verlegt,
ein braver, gesetzestreuer Bürger zu sein,
gewöhnlich zu sein,
ein Durchschnittsmensch, ein Niemand zu sein –
das alles also, wovor ich Angst hatte,
und alles, wovor ich von Zeit zu Zeit Angst habe –
meinen Bruder zu verlieren,
gute Gedichte zu schreiben, die nicht ehrlich sind,
die Schmerzen, die kommen werden, nicht annehmen zu können,

mein großes Ziel zu verfehlen
und mein Leben verschwendet zu haben,
Freiheit als bloße Idee abzutun,
abzustumpfen,
bis zum Tod nur noch lieblos
nach ein paar Lustmomenten zu haschen,
zu klagen, zu winseln, wenn diese vergehen,
blind für die Schönheit des Weltalls
im Alltagsstrudel abzusaufen,
zum Broterwerb Dienstverträge zu unterschreiben,
in einem Dienstverhältnis festzuhängen,
nebenbei meine Lieben sterben zu sehen,
den Sinn meines Lebens verwelken zu sehen,
Abschied nehmen zu müssen, wirklichen Abschied,
und selber, fern von Bäumen und Himmel,
in einem Bett zwischen Zimmerwänden
unerleuchtet zu krepieren –
all das will ich nicht mehr unterdrücken,
nicht länger niederhalten, verheimlichen, schönreden,
in mir verschließen,
nicht mehr bekämpfen, ausschalten oder loswerden,
nicht mehr wegreden, wegschreiben, weglügen, wegessen,
nicht mehr übergehen, übertünchen, überwinden,
nicht mehr übergrinsen.
Ich will nichts mehr daran ändern
und auch nichts davon beibehalten.
Ich schreibe es nur hier auf – alles –
um es zu sehen.
Ich mag nicht mehr weglaufen.
Es führt zu nichts.
Man ermüdet bloß auf der Flucht vor dem eigenen Schatten.
Müde bleibe ich stehen –
stehen um zu sehen.

Ich sehe dich, Angst.
Ich nenne dich, Angst,
nicht mehr Sorge, Unruhe, Unbehagen oder kleine Befürchtung.
Ich sehe dir, Angst, ins Gesicht –
in deine vielen Gesichter.
Du magst bleiben, du magst gehen,
du magst wiederkommen, wie es dir beliebt.
Du magst über mich kommen,
magst mich packen, zittern und beben lassen.
Bring mich um, wenn es sein muss – ich sehe dich an.
Ich sehe mich an.
Ich laufe heute nicht mehr weg.
Lange laufen macht müde.
Ich bin so müde, und du? –
Gute Nacht, Angst!

Manche Gedichte beeindrucken ja durch Wortwitz oder Einfallsreichtum. Andere warten mit pfiffigen Pointen auf, mit bissiger Schärfe oder mit sprachlicher Schönheit, die einfach sprachlos macht. *Gute Nacht, Angst!* würde ich heute einmal aber eher – ganz vorsichtig übrigens und überhaupt nicht endgültig – einem Grüppchen von Texten hinzugesellen, deren Maß an Kunstfertigkeit nicht so leicht an einzelnen Textstellen oder Wortschöpfungen dingfest gemacht werden kann. Es berührt mich mehr durch Authentizität als durch Sprachgewandtheit, mehr durch totale Offenlegung des nackten Menschseins dieses Ich-Autoren als durch feine Bearbeitung irgendeines ersuchten Themas oder Sachgegenstandes.

Gute Nacht, Angst! zeigt nicht auf Äußerlichkeiten, wie hochinteressant sie auch sein mögen. Es ist vielmehr ein Fingerzeig nach innen. Es legt den Finger auf eine Wunde in uns. Wenn man unvorbereitet damit konfrontiert wird, kann das Unbehagen auslösen, vielleicht sogar Schmerzen. Wer stellt sich schon gerne verborgenen Ängsten und unangenehmen Gefühlen? Ich hätte also Verständnis dafür, wenn die Zahl der Fürsprecher solch eines Textes nicht viel größer als eins werden würde.

Wer mag und sich traut, der kann mit mir aber ruhig noch einmal drüberschauen. Meines Erachtens hat nämlich dieses Gedicht, das fast an der Schwelle zur Prosa schon steht, wirklich lehrreiche Qualitäten. Es ist viel mehr als nur ein Sammelsurium an aufgelisteten Befürchtungen. Es ist zunächst ein Eingeständnis, dass diese Schatten nun einmal da sind. Dann ist es ein Innehalten und Betrachten derselben. Gewöhnlicherweise nehmen wir armen getriebenen Menschen ja meist nur Reißaus vor unseren Schattenseiten. Wenn sich Ängste melden, Unsicherheiten, innere Abgründe und tiefe Einsamkeiten auftun, überspielen wir das mit Lässigkeit oder wir rennen weg davor hinein in Gespräche, Rationalisierung und anderweitige Ablenkungen. Wer bleibt schon in seiner Angst auch nur zwei

Minuten lang sitzen, also wortwörtlich still atmend sitzen, um sie kennen zu lernen? Davon spricht dieses Gedicht. Es spricht von einem gravierenden Wandlungsprozess in der Charakterentwicklung, das heißt nicht mehr vor der Dunkelheit in uns zu flüchten, sondern tiefer hineinzuschauen. Das Unbewusste wird somit bewusst. Wer das praktiziert, trägt das Licht der Bewusstheit ins Dunkel hinein. Und paradoxerweise geschieht das Aufgeben jeglichen Widerstandes gegenüber der Angst wie das Annehmen der momentanen Befürchtung zu einem Teil schon furchtlos. Wohin das führt? Das sagt der Text nicht. Aller Anfang hierhin ist auch nur höchstpersönlich ergründbar.

BRUCHWIESENLIED

Auf der Reise
Wispert leise
Windes Weise
Hier im Ried.
Halme wehen
In den Böen,
Schilf und Schlehen
Es durchzieht,
Formt Gebärden
All vom Werden,
Was auf Erden
Kam und schied.
Hauch an Wange
Mich umfange
Auch im Sange,
Liebeslied.

༄

Das *Bruchwiesenlied* erlauschte ich eines Sommerabends auf einsamen Pfaden am Steinhuder Meer – einem eiszeitlichen Seerelikt in der Heidelandschaft des Nordens, mit dem ich über Jahre hinweg eine wahre Seelenbeziehung eingehen konnte. Zuweilen werden solche Naturgedichte gerade von eingefleischten Lyrikexperten als romantische Schwärmerei belächelt oder als Naturverklärung missverstanden. Dabei sind sie oft Ausdruck großer Dankbarkeit und tiefen Friedens, nicht weil man irgendetwas zum Anbeten oder Verklären hat, wie einen Liebling oder Schatz, den man wieder verlieren kann, sondern weil man sich eins weiß mit den Kräften der Erde und seinem urältesten Ursprung. Nicht wenige Naturgedichte sind Preisungen genau dieses Einsseins, dieser gefühlten Seinsverbundenheit. Da ist gar kein Ich mehr im Spiel, das sich abgetrennt von Mutter Erde wahrnimmt und beim Waldspaziergang nach Wiedervereinigung sehnt. Da ist nur noch der Wind, das Rauschen, das Blau des Himmels, ein Kribbeln auf der Haut ...

Das hat recht wenig mit gedanklicher Aktivität und noch weniger mit lautstarkem Schwärmen zu tun. Das gleicht, wenn überhaupt, meditativer Versenkung, wobei das Gedanken-Ich in den Hintergrund rückt. Es tritt erst zurück auf den Plan, wenn man sich beispielsweise als Schreiberling wiederfindet und dazu berufen fühlt, wenigstens eine halbe Ahnung davon in seiner Muttersprache festhalten zu wollen. Will man dann nämlich seine Leserschaft nicht nur mit solchen Strophen wie

> Windesrauschen,
> Himmelblau,
> Wolkenflucht
> Und Gänsehaut!

verdutzen, kommt man im Deutschen nicht ganz umhin, auch ab und an Sätze mit Subjekt und Prädikatsverband zu bilden.

Da gebrauchen wir Reimernaturen dann Wörtchen wie *ich, du* oder *mich* und erwecken so den kaum zu vermeidenden Anschein, dass dort irgendjemand in der Landschaft herumsteht, der sich der Natur gegenüber erlebt. Das ist aber nur die halbe Wahrheit, und wer einmal still sein kann, der sieht die Natur auch in sich.

Suchst du nach Schönheit hier und da

Suchst du nach Schönheit hier und da,
Nach seltnen Blumen, nach – haha! –
Poemen von erlesner Sorte?
Geht dir Klaviermusik ganz nah?
Bist du für Kuchen oder Torte?
Kann dieser Tag und Augenblick,
Bejahst du dieses oder jenes,
Noch glücklicher durch etwas Glück,
Noch schöner sein durch etwas Schönes?

Begehrst du Reichtum gar und Macht?
Wünschst du bescheidner Schlaf zur Nacht,
Gesundheit oder langes Leben?
Hast du ein Werk noch nicht vollbracht?
Willst du noch irgendwas erstreben?
Ziehst du noch vor, sag's ungeschminkt,
Den rauen Nord, den warmen Süden?
Dann gute Reise, Freund! Dir winkt
Befriedigung, doch niemals Frieden.

Sieh dir die Menschen doch nur an!
Gesundheit wünscht sich jedermann,
Doch wird er darum auch gesünder?
Das Leben fängt als Frühling an
Und endet doch mit Herbst und Winter.
Zerliefst du unterwegs dabei
Auch neun mal neun solide Schuhe,
Du fändest bestens als Arznei
Beruhigung, doch niemals Ruhe.

Denn suchst du Frieden, halte ein!
Kein Glück wird dir beschieden sein
Auf allen diesen tausend Wegen.
Ersehnst du ew'gen Sonnenschein,
Verfolgt dich überall der Regen.
Und blinkt der Glücksstern dir von fern,
Sobald du eine Himmelsrichtung
Als beste wählst zu deinem Stern,
Ist dies schon deines Glücks Vernichtung.

Ist Glück dann hier, wenn schon nicht dort?
Ist's nirgendwo? Ist's allerort?
Hör endlich auf, Ideen zu häufen!
Du scharst nur Worte um ein Wort
Und läufst dich tot in Dauerläufen.
Halt ein, halt ein! Vergiss, vergiss,
Was selbst die Weisen nennen Wahrheit!
Gewiss ist nur – nichts ist gewiss.
Auch dies Gedicht befleckt die Klarheit.

Ich weiß nicht mehr als irgendwer.
Ich weiß nur, es ist ach so schwer,
Dem Traum vom Glück nicht nachzujagen.
Man schwimmt im Strom und träumt vom Meer,
Vom weiten Blick und bessren Tagen.
Dann dreht der Wind und Sturm kommt auf.
Erst kämpft er noch, dann keucht der Schwimmer,
Und flucht und fleht er auch hinauf,
Es endet in Verzweiflung immer.

Enttäuschungen sind ohne Zahl.
Ich kenne dies und hundertmal
Versuchte ich auch, zu entgehen
Dem Kreis von Wunsch und Gier und Qual,
Dem Auf und Ab der Weltenwehen.
Doch wieder war dies nur ein Weg,
Auch wenn er diesmal hieß Befreiung.
Er führt gerade bloß statt schräg
Zu Bitternis und Selbstkasteiung.

Zum höchsten Weg führt keine Spur.
Du glaubst mir nicht? Dann suche nur
Nach Frieden, Freiheit! Mit den Jahren
Siehst du, statt Pest hast du jetzt Ruhr.
Doch musst du all das selbst erfahren,
Musst selbst durchleiden und verstehn.
Davon zu lesen macht bloß klüger.
Willst du den Tigerpfad begehn,
Mal dir kein Bild, sei einfach Tiger!

Drum Schluss jetzt hier der Faselei,
Der ganzen Augenwischerei!
Ein jedes Wort ist schon Verschwendung.
Bild dir nicht ein, was Frieden sei –
Mehr liest du nicht aus dieser Sendung.
Jetzt streng dich an und überleg
Von mir aus! Es wird gar nichts taugen.
Der Weg! Der Weg! Vergiss den Weg!
Nur öffne deine offnen Augen!

☙

Kaum eine Sehnsucht hat mich mehr im Leben umgetrieben als die Sehnsucht nach der Beendigung allen Leidens. Nun, wir leiden doch immer wieder einmal, oder? Wir haben Schmerzen, werden krank oder alt, verlieren unsere Partner, Freunde, Haustiere oder Besitztümer. Wir verlieren auch die Geduld, unsere Selbstbeherrschung, unseren Mut, unsere Unschuld, unsere Selbstständigkeit und manchmal sogar den Glauben oder unser Vertrauen ins Leben. Dann sitzen wir tief in der Tinte, haben Angst oder Wut oder sind völlig gelähmt. Das alles und noch viel mehr, zum Beispiel auch lustlos und leidenschaftsarm durch den Alltagstrott zu dümpeln, ist Leiden. Und als Sahnehäubchen obendrauf kommt dann ja noch die höchstpersönliche Audienz mit ihm – dem Gevatter Tod.

Ich – nicht ganz unbescheiden – wollte nun nicht bloß eines dieser Leiden beenden, ich wollte alles menschliche Leid überwinden. Das klingt vielleicht größenwahnsinnig, aber es war für mich eine wichtige und ehrliche Bestandsaufnahme. Ich war grundsätzlich *nicht* damit einverstanden, andauernd zu leiden. Ich fragte mich ernsthaft, ob das wirklich der Weisheit letzter Schluss sei, das Leiden als unvermeidlichen Aspekt des Lebens eben hinnehmen zu müssen. Ich kannte keine Antwort darauf. Ich wusste nur, dass dies, *wenn* ich litt, eine verdammt miserable Aussicht war. Also begab ich mich auf die Suche. Ich suchte ein Ende vom Leiden, und zwar diesseits. Wohin mich das alles geführt hat! Und wie viel Schmerz, wie viel Unglück und Leid habe ich so erst noch heraufbeschworen!

Eins ist doch Fakt: Welchen Höhepunkt, welches Glücksgefühl wir auch erleben, welche Bergspitze wir auch erwandern, wir müssen sie wieder verlassen. Was wir im Leben auch erstreben, am Ende lassen wir es los. Das ist das Gesetz des Wandels: Nichts ist von Dauer, alles ist im Fluss. Alles verändert sich.

Wenn wir nun während unseres Daseins erlernen, uns diesem natürlichen Ablauf zu widersetzen, wenn wir das Schöne und

Gute, was wir wertschätzen, nicht mehr hergeben wollen, dann beginnen wir schon zu leiden. Das Leiden wurzelt demnach nicht in der äußeren Welt, sondern vielmehr in uns. Die Welt kann eigentlich gar nichts dafür. Sie ist, wie sie ist. Wir jedoch sind nicht eins mit ihrer und unserer steten Veränderung, die nun einmal nicht zu ändern ist. Unsere Uneinigkeit mit dem Gesetz des Wandels macht also unser Leben teils so schwer. Angefangen bei unserer Mutter haben wir eben vor allem gelernt, das Schöne und Gute festzuhalten, deshalb tut Loslassen weh.

Der Weg der Befreiung von jeglicher Leidenslast kann also, wenn wir ihn gehen möchten, nicht der verschlungene Pfad zu einem weiteren Fernziel, zu einer weiteren schönen Bergspitze sein. Auch von dieser müssten wir uns bald wieder schmerzlich trennen. Der Zugang zur Freiheit liegt nicht in einer schöngemalten Zukunft, nicht in irgendeinem anzustrebenden Dauerzustand. Der Zugang ist hier. Er ist jetzt offen, einzig und allein jetzt.

Dieses Jetzt, dieser „höchste Weg" ist aber gar kein Weg im Sinne eines begehbaren Weges, der uns irgendwohin führt. Es führt also überhaupt kein Weg zur Freiheit. Freiheit ist der Weg.

Die Amsel singt

Die Amsel singt – das ist bereits der ganze Trick.
Die Welt erklärt sich selbst in jedem Augenblick.
Sieh einfach hin! Schaust du voraus, schaust du zurück,
Versinkst du im Gedankenschlick.

Der Westwind weht. Die Amsel singt. Was willst du mehr?
Ein reines Herz? So machst du Schweres doppelt schwer.
Dein Unglück ist: Die krumme Kiefer wünscht so sehr,
Dass sie die stramme Eiche wär'.

Begreifst du nicht? Dein Suchen trübt den Himmel ein.
Zum Glück gibt es kein Glück! Gib lieber Acht – gib Neun!
Schon zuckt ein Blitz – das große Einverstandensein
Schlägt krachend in die Eiche ein.

Verstehst du jetzt? Verstehn muss man nicht unbedingt!
Verständnis blüht, wo niemand um Verständnis ringt.
Es blüht und welkt, es lacht und weint und geht und springt.
Der Trick ist dies: Die Amsel singt.

☙

Zu Singvögeln verbindet mich seit meiner Kindheit eine ganz besondere Beziehung. Vor allem das Flöten der Amseln weckt in mir lebendige Erinnerungen an friedvoll ausklingende Frühlingsabende in meinem alten Wohngebiet. Hören Sie auch manchmal einem singenden Vogel zu? Und horchen Sie gar währenddessen auch einwärts, nach innen? Dann wissen Sie das: Je intensiver wir lauschen, desto weniger denken wir dabei und desto mehr lernen wir etwas in Wirklichkeit kennen. Wir schnappen dann nicht nur irgendein Geräusch im Vorübergehen auf, ordnen es ruckzuck als bekannten Vogelsang ein und eilen weiter auf unserem Wege. Nein, wir hören zu, wir schenken Gehör. Innen herrscht hierbei Gedankenebbe oder gar -stille. Das funktioniert auch im Gehen, sogar im Laufschritt. Es fällt mir aber leichter im Stehen, wenn ich innehalte oder still sitze.

So zu lauschen ist etwas Wunderbares. Es ist vollkommen andersartig als ewig nur weiterzudenken, weiterzureden und weiterzuhasten. Im Grunde schenken wir uns damit selbst einen Friedensmoment. Sobald wir irgendeiner Sache – zum Beispiel einem Geräusch – volle Achtsamkeit schenken, beschenken wir uns mit innerer Stille.

Bei Vogelstimmenwanderungen, die ich zuweilen anbiete, versuche ich das bereits Kindern nahe zu bringen.

Ich frage zum Beispiel: „Was geschieht denn mit euch, in euch drinnen, wenn ihr der Drossel hier lauscht?"

Nach einer Weile frage ich weiter: „Denkt ihr dabei an eure Lieblingsspiele oder an Hausaufgaben für morgen?"

Und wenn jemand sagt: „Ich denke eigentlich gar nichts", oder wenn jemand ruft: „He, was ist das denn da drüben für einer?", dann freue ich mich. Still zu sein macht auch empfänglich für Neues, für Entdeckungen.

Beim Stillsein und Lauschen geschehen sogar die ulkigsten Dinge, wie mir einmal in den bayerischen Alpen. Eines Morgens nach einer Zeltnacht im Wald praktizierte ich zusammen mit meinem Bruder stilles Sitzen. Er saß im Wagen und ich inmitten eines ausgetrockneten Flussbetts, wo ich die Amseln gut hören konnte. Nach einer Weile hörte ich aber auch Menschen, die näher kamen und sich unterhielten. Es klang, als wären sie zu zweit. Auf einmal rannte aber etwas laut hechelnd auf mich zu. „Sandy, bleib hier! Komm her!", rief eine kräftige Männerstimme in typisch bayerischer Mundart diesem Etwas hinterher. Ich hörte es neben mir rascheln. Dann schnupperte etwas genau in Kopfhöhe an mir. Diese Sandy blieb offenbar am oberen Rande des Flussbettes stehen, ohne zu mir herunterzukommen. Sie hatte nur den Kopf zu mir durch das Gebüsch gesteckt.

Mittlerweile waren der Mann und die Frau, die genau parallel zum Fluss spazierten, direkt neben mir. Sie bemerkten mich jedoch nicht, obwohl ich gleich hinter dem Gesträuch auf hellem, fast weißem Gestein mitten da im gut einsehbaren Flussbett hockte, nur eben vollkommen reglos. Ich atmete einfach still weiter und sie kamen nicht auf die Idee, ihren Kopf nach links Richtung Flussbett zu drehen. Also gingen sie ahnungslos kaum drei Meter entfernt an mir vorüber.

Sandy, die mich schon lange entdeckt hatte, jaulte mir noch einmal ins rechte Ohr und folgte dann den anderen nach. Für mich klang es so, als wäre sie echt fassungslos darüber, dass weder Herrchen noch Frauchen Notiz von mir genommen hatten, obwohl Sandy mich doch so deutlich angezeigt hatte.

Da hörte ich plötzlich von weiter vorne die Frauenstimme fragen: „Woas woa denn jetz'?"

Und im Weitergehen erwiderte der Mann, so als ob er gelangweilt mit den Schultern zuckte: „Entweder a Karniggl oder a Vogl."

Dann verschwanden die drei.

Und der Mann hatte Recht. Es war ein Vogel gewesen, ein wirklich komischer Kauz.

Westaustralischer Vershaufen eines komischen Vogels

Der Ozean rauschte. Ich trat in
Emudreck heute Morgen am Strand.
Ich bin schon zu lange hier ...
Das verfolgt einen. Braune
Schleifspuren lassend, schleifte ich
meinen linken Fuß über feuchten Sand.
Aber auch keine Fliege
umkreiste den Haufen – zuhauf umkreisten
die mich.
Gut, ich rieche ein wenig,
aber ich wasche mich täglich
im Gesicht. Vielleicht
vergesse ich auch die Bohnen.
Seit Wochen esse ich Bohnen – und heute
anderthalb Buschfliegen. Wie gesagt,
ich bin schon zu lange hier ...
Mit zwei Händen kann ich meine
Oberschenkel umgreifen.
Dann fuhr ich von Nirgendwo nach Irgendwo,
kaufte mir Bohnen und einen Atlas
mit schönen Landkarten –
Mount Ragged, die große australische Bucht
und was Frauen anatomisch
down under so zeigen.
Als ich fertig war, warf ich
das Ding an der Esplanade in einen
Briefkasten. Aber
das Papier geht zur Neige,
ich muss noch heimwärts schreiben. Ich hörte,
meine Tochter sagt schon Puppi. Und ich hörte

mein Mädchen weinen.
Ich sei schon zu lange hier,
seit ich hier bin.
Das verfolgt einen. Wie gesagt, ich
trat in Emudreck heute Morgen – du
soeben.

~

Dieser Vershaufen ist keineswegs nur irgendein Abfallprodukt, das man am besten links liegen lässt. Jedes Wort, jedes Zeichen, jeder Zeilenumbruch ist ganz bewusst gesetzt. Es hat mir viel Freude bereitet, diesem Gedicht ans Tageslicht zu verhelfen, und es markiert sogar eine Art Wendepunkt in meinem dichterischen Werdegang. Früher, als ich zu dichten begann, konnte ich nämlich mit ungereimter Lyrik nichts anfangen. „Gedichte müssen sich doch reimen", dachte ich. „Wozu schreibt man denn sonst Gedichte? Wenn sich nichts reimt, kann man die Sätze doch hintereinander weg in stinknormaler Prosa herunterschreiben."

Dass Dichtkunst mitunter auch etwas anspruchsvoller sein kann, als nur in regelmäßigen Abständen ein paar gut klingende Reime in Wortfolgen einzustreuen, wurde mir erst nach und nach bewusst. Es dauerte ein paar Jährchen, bis ich erstmals wirklich Gefallen an ungereimter Ware von anderen Autoren fand, und es dauerte abermals eine Weile, bis ich mich selbst verstärkt an Ungereimtes wagte. Ich empfand es damals durchaus als Wagnis nicht zu reimen. Mir war etwas unwohl dabei. Beim ungereimten Dichten ist nämlich der Unsicherheitsfaktor erhöht, beziehungsweise die Eigenverantwortung. Man muss eigenständig verantwortungsvoll entscheiden, wie man zum Beispiel betonte und unbetonte Silben setzt oder wann man eine Zeile umbricht. Oft hat man kein festes Schema, an dem man sich entlanghangeln kann. Es ist ähnlich wie beim freien ungesicherten Klettern. Entgegen dem Klettern an Seilen und Steigleitern muss ich viel wachsamer schauen, wo und wie ich umgreife. Die Absturzgefahr ist größer, aber eben auch der Grad an Freiheit.

Der westaustralische Vershaufen entstammt nun jener für mich bedeutungsvollen Zeit, als ich mich erstmals wirklich selbstsicher in der Freirhythmik ausdrücken konnte. Beinah hätte ich sogar *austoben* geschrieben. Endlich fühlte ich mich den Herausforderungen dieses speziellen Gebietes der Lyrik gewachsen. Nach all dem vorangegangenen Training vermochte ich es plötzlich – frei zu klettern. Ob das dann auch für Zuschauer gut und gewandt aussah oder doch dilettantisch, war mir weniger wichtig. Ich sah es: Ich konnte mich freier bewegen – was für ein Lebensgefühl!

Baiames Moskito

Abends am Bachbett da sirrte auf einmal
leise genau überm Ohr eine Mücke.
Weiße Haut sehen die besser, besser als schwarze im Dunkeln, hatte ich mir überlegt, doch dass dieser eine Moskito
in seinem ganzen Moskitoleben bisher nur Kängurublut
getrunken hatte, dass er aber einmal mindestens Menschenblut bräuchte, um tief, tief innen in seinem filigranen Körper
ein Weltall – du sagtest Sternenmeer – am Kreisen zu
halten, das genauso groß sei wie das über uns, und dass darin genauso die Sonnen und Monde und Erden sich drehten
und Menschen abends an Bachbetten schliefen und dass ich,
wenn ich fähig wäre, mich auf dortige Menschengröße zu
verkleinern und so hineinreisen könnte in dieses Winzlingsweltall, dass ich dann vom schwarzen Bauchrand des Moskitos hinab nur bis zur ersten Erde schon so lange brauchen
würde, wie ich in meiner Welt bräuchte, um zu jedem lebenden Menschen zu wandern und seine Stirn zu berühren, und
dass ferner in diesem winzigen, riesigen Moskitoweltall
auf jeder der tausenden Erden wiederum Abertausende
Moskitos umherflogen, die ihrerseits alle ihr eigenes Weltall
beherbergten, das jeweils wieder Erden mit Moskitos auf
Suche nach Menschenblut beherbergte, die wieder Weltalle
beherbergten, die wieder Moskitos beherbergten und immer
so fort, und dass ich selbst genauso tief, tief innen in einem
schwarzen Moskitobauch lebte, dessen

Innenwand ich nachts sogar sah, und dass dieser Riesenmoskito über mir und den Sternen wieder nur klein war in einem gewaltigen Weltall, das seinerseits ein noch gewaltigerer Moskito umschloss und immer so fort – weil ich das damals nicht in Betracht zog, schlug ich sie mit einer Ohrfeige tot.

☙

*B*aiames *Moskito* ist sicher eines der rätselhaftesten Gebilde, das je meiner Feder entsprungen ist. Oder haben Sie solch ein Gedicht schon einmal gesehen – einen Vierzeiler, wovon die Zeilen eins, zwei und vier ganz brav im herkömmlichen Silben- und Betonungsschema geschrieben sind, die dritte Zeile aber freirhythmisch mit 237 Wörtern eines einzigen Satzanfanges exorbitant in die Länge gezogen ist? Das ist seltsam, irritierend. Es hat aber seinen triftigen Grund und ist keineswegs nur die gesuchte Extravaganz eines intellektuellen Spielchens. Natürlich möchte ich dieses Gedicht hier nicht toterklären. Ein jeder mag seine eigenen Assoziationen hiermit verfolgen. Trotzdem sei mir ein kleiner Hinweis darauf gestattet, was mir persönlich diese ebenso unter dem südlichen Sternenhimmel des australischen Outbacks entstandenen Verse in etwa bedeuten. Bei all ihrer Rätselhaftigkeit sehe ich nämlich die große Gefahr, dass sich sonst in zweihundert Jahren ein bemitleidenswerter Germanistikstudent wochenlang darüber seinen Kopf zerbrechen muss, nur um sich irgendeinen furztrockenen Zwanzig-Seiten-Aufsatz aus den Fingern zu saugen, den sein strenger Seminarleiter eingefordert hat, weil der nun einmal ausgerechnet *Baiames Moskito* für eines der ganz wenigen denkwürdigen Gedichte aus der Jordanschen Hinterlassenschaft hält.

Diesem armen Studenten möchte ich helfen und kläre deshalb auf: *Baiames Moskito* ist im Grunde eine Danksagung und Liebeserklärung an die Ureinwohner Australiens. Ihre traditionelle ethische Grundeinstellung wird hier der unsrigen, oft nur auf sofortigen Nutzen abzielenden Einstellung gegenübergestellt.

Wer von der alten Kultur der Uraustralier auch nur etwas mehr aufschnappt als auf touristischen Märkten ein paar Klänge vom Didgeridoo, der erkennt sicher unschwer, dass aus vielen ihrer Traditionen und Kunstwerke eine hohe Wertschätzung gegenüber jedem Ding und Lebewesen spricht. Nichts in ihrem Lebensumfeld war nebensächlich oder gar nutzlos. Alles, auch das scheinbar Gewöhnlichste wie ein Stein oder ein Moskito, hatte seinen Sinn, seinen Platz im großen Erdgefüge. Selbst einfachste menschliche Verrichtungen, wie zum Beispiel das Gehen über Wüstenboden, das Ausweiden eines Beutetieres oder gar das Ausscheiden von Kot, waren so in etwas Größeres, Umfassenderes eingebettet – in die Bewusstheit um Ganzheitlichkeit. Alltagstätigkeiten wurden eben achtsam verrichtet. Und das entsprang nicht nur der fixen Idee eines Einzelnen oder den Richtlinien von hochbetagten Graubärten. Es war vielmehr verankertes Kulturgut, zeigte sich überall im sozialen Miteinander, von der Kindererziehung bis hin zur Sterbebetreuung, von der Jagd- bis hin zur Heilkunst. Natürlich sind auch dunkelhäutige Australier nur Ballerköpfe wie wir. Auch unter ihnen gab und gibt es Neid und Zwist. Trotzdem gingen sie im Allgemeinen verantwortungsbewusst miteinander und mit ihrer Umwelt um. Vielleicht waren sie aufgrund der Kargheit ihres Landes, aufgrund der Knappheit von Wasserstellen und Nahrung dazu gezwungen, im täglichen Überleben auch den kleinsten Details Bedeutsamkeit beizumessen. Jedenfalls schafften sie es, jahrzehntausendelang auch in kärgsten Wüsteneien zu überleben, weil sie nicht auch noch „den letzten Baum gefällt und den letzten Fisch gefangen" haben. Ihre weisesten Gruppen gingen sorgsam mit Ressourcen um, nahmen eben Rücksicht auf die Natur und somit auf sich selbst. Können wir vielleicht eine Winzigkeit davon lernen – nicht um zu kopieren, nicht um zu verbessern, sondern nur um zu schauen, was es mit uns macht, wenn wir den Dingen und Wesen ganz natürlich respektvoll begegnen?

Das alles heißt nun nicht, dass wir Mücken nicht mehr totschlagen *sollen*. Wenn wir so etwas aber immerzu achtlos automatisch tun, wenn wir mit der gleichen Schnellfertigkeit und Mechanik gewiss auch andere unserer Probleme „lösen" und sogar Menschen im Alltag so abfertigen, ohrfeigen wir uns dann nicht letztendlich selbst?

Abschied

Vorn an der Biegung hielt ich im Gras,
Bevor meine Bergkuppe gänzlich verschwand.
Noch sah ich sie werben.
Hier wand
Sich die Straße. Dort dehnte sich endlos das Land.

Lag dort die Freiheit, hier lag mein Weg.
Ich trage ihn nicht, doch ich lebe den Ring.
Ich darf nicht mehr sterben.
Es fing
An zu regnen. Das Land hat geweint, als ich ging.

☙

Wie oft bin ich im Geiste zum Seal Creek zurückgekehrt! Das Hügelland ist dort so weit, das Himmelsgewölbe ist größer als irgendwo sonst und die Küste schier endlos. Das kalte Meer zieht sich ununterbrochen bis hin zur Antarktis, und landwärts, selbst hier, sind es Tagesmärsche bis hin zur nächsten menschlichen Siedlung. Weit und breit nirgends ein Strommast, ein Farmhaus, ein Zaun ...

Auch heute sehe ich mich noch dort stehen, zwischen Felsen und Dornenbüschen auf einer dieser kargen Kuppen, und seewärts nach nichts und niemand Ausschau halten. Es war dort kein Mensch, kein einziger Strandurlauber. Es fuhr dort kein Schiff in der Ferne vorüber und auf dem einzigen Zufahrtsweg, einer holprigen Sand- und Schotterpiste, kam diese langen Tage lang, die ich da in Weltabgeschiedenheit verbrachte, kein einziger Wagen vorbei.

Heute schreibe ich Weltabgeschiedenheit, doch was ich damals fühlte, war Weltverbundenheit. Einem Teil von mir fiel es unsagbar schwer, von diesem Rückzugs- und Seelenort schließlich gehen zu müssen. *Abschied* ist für mich definitiv eines meiner ergreifendsten Gedichte. Es fängt mit ganz bodenständigen, völlig ungenialischen Worten genau diesen Trennungsschmerz ein, um ihn zu umarmen und so wieder loszulassen.

Manchmal denke ich, wenn mir das Schicksal seinen linken Haken verpassen, also richtig hart mitspielen würde, wenn plötzlich alles in meinem Leben schiefginge und alles Wertvolle mir genommen wäre, dann bestünde irgendwo am Fuße dieser windumtosten Hügel in einer selbstgeflochtenen Eukalyptusklause vielleicht doch noch die ganz kleine Chance, mich ausfindig machen zu können.

Lied vom Lotosteich zu Lo-yang

Sommerbrise streicht mein Wasser,
Meine Haut verjüngend.
Kräuselnd reibt sich Nass noch nasser,
Denn sie nahen singend.

Und Gespielin neckt die Freundin,
Freundin die Gespielin.

Mädchen lachen, Haare wallen,
Hitzewellen flimmern.
Seidengürtel schlaffen, fallen,
Blütenknospen schimmern.

Und Gespielin streift die Freundin,
Freundin die Gespielin.

Jadegrüne Bucht ergötzt sie,
Röhricht kränzt Gestade.
Da, die Schönste, schon benetzt sie
Zaghaft ihre Wade.

Und Gespielin lockt die Freundin,
Freundin die Gespielin.

O wie reizt das weiblich Junge!
Leiblichen Genüssen
Frönt mein eigner Leib, ganz Zunge,
Deckend sie mit Küssen.

Und Gespielin spritzt die Freundin,
Freundin die Gespielin.

Wieder kann ich's auch nicht enden
Und erhasche eine,
Schlinge Algen um die Lenden
Wie um ihre Beine.

❧

Auch das passiert: Beim Sinnieren über dem Lotosteich-Lied ist mir kürzlich aufgefallen, dass ich zu diesem wie auch zu einigen weiteren Gedichten kaum noch irgendetwas Handfestes zu den genauen Umständen zu sagen weiß, unter denen sie entstanden sind. Die Texte sind zwar nicht gleich bedeutungsärmer dadurch, keineswegs, sie sprechen noch deutlich zu mir, aber reinweg durch die Wörter eben, nicht verknüpft mit weiterer Erinnerung und konkreter Atmosphäre.

Unvergessen bleibt mir aber natürlich die Zeit meiner großen Leidenschaft für die östliche Literatur, und dieser – sagen wir einmal – fernöstlichen Periode entstammt denn auch sicher das *Lied vom Lotosteich zu Lo-yang*. Vor allem die chinesische Lyrik und die altchinesischen Klassiker haben mich über viele Jahre hinweg begleitet, geistig genährt und bei all ihrer unwiderstehlichen Macht, mich tief in ihren Bann zu ziehen, doch immer wieder auch mit neu geschöpftem Lebensmut zurück in meine Welt geschickt. Auch jetzt noch weiß ich in meinem Herzen eine feine Unterströmung mit ihnen und ihrer besten Wirkungskraft verbunden.

Als ich damals die deutschen Nachdichtungen wirklich reihenweise verschlang, die mutigen Übersetzungen, die freien Übertragungen dieses oft so grenzenlos wirkenden, überhaupt nicht nur aufs Fernöstliche beschränkten Gedankengutes tief in mich aufsog, habe ich einmal die folgende Notiz auf einem Tagebuchblatt vermerkt:

„Die Zeichen stehen günstig, dass mir neben dem Werk Hermann Hesses ein weiteres Lektürereich ans Herz wächst und überzeitliche Freundschaft beschert. Die alten Chinesen nehmen mich ein. Ihre Worte sind für mich oftmals wie Wasser aus einer Quelle vom Kurbad. Tief und rein, erfrischend und säubernd, unverschmutzt und oft ohne parteiische Verfärbung offenbaren sie mir frappierende Einsichten, die ich mir teilweise unabhängig von ihnen, aber zweieinhalb Jahrtausende später erschlossen habe – meines Erachtens auch ein untrügliches Indiz für eine unveränderliche Menschennatur, die uns innewohnt. Einmal sagte ich sogar überschwänglich: Ich werde mich in der altchinesischen Literatur und Dichtkunst nicht nur beurlauben, ich werde mich dort beheimaten."

Die Prüfung

Es zog einmal
Durchs Gelbe Tal
Zu Chinas alten Blütezeiten,
Weil Vaters Vater so befahl,
Der junge Li, den Geist zu weiten.
Die nackten Sohlen trugen ihn
Zum Klosterberg der Shaolin.

Am Tore stand
Im Leingewand
Der Meister, dem sich Li verbeugte.
„Willkommen, Jüngling, hierzuland!
Sag, da dein Gruß von Achtung zeugte,
Was führt dich zu der Bruderschaft?"
„Die Weisheit von der innern Kraft!"

„Wer sie begehrt,
Wird erst erhört,
Sobald er dreimal Kampf bestritten,
Denn wer sich außen treu bewährt,
Ist gleichsam innen fortgeschritten …"
„Kung Fu? Da steh ich keinem nach!",
Li aufgeregt das Wort ihm brach.

Stets war sein Ziel
Der Fäuste Stil,
Doch weniger des Gleichmuts Höhen,
Dem Shaolin ins Auge fiel.
Er lächelte: „Wir werden sehen.
Erst morgen dieses Urteil spricht,
Ob aufgenommen oder nicht."

Die Nacht verrann,
Der Tag brach an;
Li probte seiner Kunst Vertiefung,
Gab Schlag auf Schlag am hölzern' Mann,
Da riet der Mönch ihm zu der Prüfung:
„Nicht jeder Sieg erringt sich gleich,
Was jener hart, braucht dieser weich."

Li, stark und groß,
Sah darin bloß
Die gut gemeinte, leere Predigt
Und glaubte bald durch Tritt und Stoß
Die Angelegenheit erledigt.
Tatsächlich rang er kurz und knapp
Dem ersten Gegner Demut ab.

„Du kämpftest wie
Die Katze, Li",
Der Meister vorerst anerkannte.

„Ein Könner dir die Form verlieh,
Doch meidest du das Unverwandte,
Wie mancher Tiger ward zum Schaf,
Als plötzlich er den Bären traf.

Du bist verengt,
Vom Stil beschränkt;
Er taugt als Zaun, dich einzufassen.
Wer weit noch will und weiter denkt,
Kommt nicht umhin, ihn zu verlassen."
Voll Schärfe war der Rede Kern,
Die Wahrheit hörte Li nicht gern.

Bestürzt ging er
Darauf umher,
Gelobte Wandel und Sichändern
Und wollte wie als Weltenmeer
Sich künftig öffnen allen Ländern.
Beflügelt von solch edlem Drang,
Den zweiten Gegner er bezwang.

Der Meister nun:
„Du kannst nichts tun,
Als deinen Durst vorm letzten Ringen
Zu löschen und dich auszuruhn."
„Verzeiht, nur wird mir zum Gelingen
Kein Wasser je behilflich sein –
Geduld kann es noch nicht verleihn!"

„Geduld wohl nicht,
Doch neue Sicht,
Die jedem Kämpfer nutzen könnte,
Der dieses tief verinnerlicht:
Die Urkraft aller Elemente
Im Wasser sich zusammendrängt,
Das unverletzbar Felsen sprengt.

Gieß es zum Krug,
Es wird zum Krug,
Gieß es zur Schale, es wird Schale.
Es dringt ins letzte Steingefug
Und trägt den höchsten Berg zu Tale.
Es strömt und stürmt, es kocht und kracht,
Sei Wasser, übe weiche Macht!" –

Im Bambushain
Der Sonnenschein
Fiel matt und matter durch die Kronen.
Erschöpft vom Kampf kam Li allein,
Der Abendröte beizuwohnen.
Und als er der Gestirne Lauf
Verfolgte, ging das Herz ihm auf.

„Was will ich hier,
Was bringt es mir,
Der Weisheit Wort und Hort zu suchen?
Jag ich nach Beute ihr Revier,
Um an Trophäen zu verbuchen?
Was hat des Meisters Rat gebracht?
Den ersten habe ich verlacht.

Der zweite dann
Zog mich in Bann,
Gehorsam folgt' ich wie ein Blinder,
Vermutete im Ordensmann
Der Weisheit obersten Verkünder.
Und schließlich goss man mir ins Ohr
Des Wassers Kraft – doch ich verlor.

Sei's drum! Ein Gut
Vom Übermut
Ist zu begreifen tief und innig,
Wie wohl und weh zugleich er tut,
Weil jedes Ding bleibt doppelsinnig.
An Wert, das wird mir jetzt bewusst,
Vermehrt Gewinn sich durch Verlust."

Li sprach es in
Die Nacht dahin,
Ein Wind kam, es hinfort zu schicken.
Zu gehen hatte er im Sinn,
Da fiel auf einmal aus dem Rücken
Die nie vergessne Stimme ein:
„Dein Urteil fällst nur du allein."

Auch ich durchlief als Jugendlicher meine Kampfsportphase, in der kaum ein Baum vor meinen Fußtritten sicher war, und diese Leidenschaft fand ihren Niederschlag in dieser chinesischen Dichtung – Kampfkunst und Dichtkunst sozusagen vereinend. Jeder mag sich natürlich sein eigenes Urteil bilden, ich selbst jedenfalls war aber ziemlich stolz gewesen, als mir damals dieser Wurf gelang. Es ist nämlich *eine* Sache, im Schwunge der richtigen Stimmung ein in sich rundes Gedicht von drei oder vier Strophen Länge zusammenzudichten. Und es ist etwas völlig anderes, über mehrere Tage, sogar über Wochen hinweg ein vielleicht über zwanzigstrophiges Werk zu vollenden, sodass es wie aus einem Guss erscheint, obwohl zwischendurch unweigerlich auch die Stimmungen wechseln.

Meine eigene schwerste Prüfung im Kampfsport fiel übrigens gänzlich anders aus als in der oben erzählten Geschichte. Es war damals ein Termin festgesetzt worden, an dem wir jungen Kampfsportschüler einem Meister unter strengen Prüfungsbedingungen zeigen sollten, was wir bisher gelernt hatten. Am Vortag jedoch ging ich mit Freunden ins Freibad, wo ich lieber den Mädchen von nebenan nachsah, als dass ich einmal auf die Idee kam, der elterlichen Warnung vor der Sonneneinstrahlung an diesem Hochsommertage Beachtung zu schenken. Und weil ich die meiste Zeit bäuchlings auf meinem Handtuch auf der Wiese lag, verbrannte ich mir dementsprechend den Rücken, die Rückseiten meiner Oberschenkel und meine Waden.

Am nächsten Morgen hatte ich solche Schmerzen, dass ich fast bewegungsunfähig war. Statt meinen Mann bei der Kampfsportprüfung zu stehen hütete ich also das Bett und musste mich wohl oder übel einer weitaus schwereren Prüfung in Sachen Geduld unterziehen.

Am neunten Mai 2005 in Weimar

„Sie stören!", ruft es aus geschwärztem Schlunde,
Dem ein jahrhundertschwerer Moderduft
Wie Urgebräu entquillt zur Geisterstunde:
„Weicht von mir mit der lauen Frühlingsluft,
Die Kälte ist's, woran ich hier gesunde
Im Schlafgemache dieser Fürstengruft!
Gesandter, zügig denn, zu welchem Zwecke
Hebt Ihr von neuem meines Sarges Decke?

Welch großer Festakt druckset Ihr verlegen?
Was jährt sich wieder, ich versteh nicht ganz –
Der Lärm, der Schall und Rauch nur meinetwegen?
Ein halbes Deutschland windet einen Kranz,
Den, statt Lebendigen ums Haupt zu legen,
Man mir, dem Toten, flicht zwecks Mummenschanz?
Solch Zeitung kann Begrabene entsetzen:
Der Mensch braucht ewig seinesgleichen Götzen.

Die Gunst, die werd ich mir nicht nehmen lassen!
Als Kamm, der gegen die Frisuren kämmt,
So soll mein Wort euch heut beim Schopfe fassen!
Ein Leichentuch dient meiner Rippe Hemd,
Die Rede zieht, der Anblick packt die Massen,
Den Schädel halt ich unterm Arm geklemmt:
Verstaubt, vergilbt, in wurmzernagter Pose
Zeigt sich des Klassikers Apotheose! –

Zu übertönen eine jauchzend' Meute
Reicht man ein sonderlich' Gerät mir dar,
Das meine Stimme weit im Saal verbreite
Hindurch die Wände bis zu Russlands Zar.

Wann einst geflügelte Gedankenweite
Aus Dichters Federkiel sich still gebar,
Hält man sich neuerdings an das Trompeten,
Denn lauter Hall kürt jeden zum Propheten.

Wohlan! Ihr scheint es weit gebracht zu haben,
Doch seid ihr grün und nichts als naseweis,
Umklammert noch wie halbgereifte Knaben,
Die euch erziehen und aufs eigne Gleis
Entlassen wollten mit der Bildung Gaben.
Was setzt ein Denkmal ihr mit teurem Schweiß,
Um hinter Anerkennung zu verkennen,
Dass wir die Ehre euch, nicht uns, vergönnen?

Ein Werk, wollt ihr das nimmer denn begreifen,
Braucht nicht Zitat, nicht goldgeschnittnen Band.
Es lebt in denen nicht, die nach ihm pfeifen.
Verschlungen will es nur als Magenbrand
In euch erwirken, selber auszuschweifen
Und selbst zu finden, was ein andrer fand.
Es will das glühende Verlangen wecken,
Die eignen Schöpferkräfte zu entdecken.

Gebt über Bord die rostzerfressnen Schätze!
Verklärt, vergesst sie nicht, doch macht euch frei,
Verlasst die seichten, sichern Ankerplätze –
Das Meer ist mehr, es sehnt sich euch herbei!
Taucht ein, werft wie die Fischer eure Netze,
Zieht aus den Tiefen euren Fang zum Kai
Und ahnt, was als Geheimnis sie umwölben:
Die Werte, nicht die Werke, sind dieselben.

Ich sah Plakate voll mit meinen Sprüchen
Und, ach, wie ward mir dieser Blick zur Qual!
Zweihundert Jahre schon an Glanz verblichen,
Zweihundert Jahre schon ein kaltes Mahl!
Kocht ihr nichts Frischeres in euren Küchen?
Schmeckt diese Ära gar so lasch und schal?
Müsst für Geschmack ihr erst mit Asche salzen
Und alte Schinken platt und platter walzen?

Vergangnes kann und darf euch nicht beschützen
Vor dem, was ist, was eure Wirklichkeit.
Nur eignes Streben wird der Seele nützen,
Drum sagt, wo sind die Dichter dieser Zeit?
Sie können nicht in solcher Menge sitzen,
Wer Kunst erschafft, vor Künstlichkeit sich scheut,
Doch nein, dort leuchten mir noch heiße Augen,
Die forschen, um vom Diesseits aufzusaugen!

Dir, Junge, öffnet sich die Welt der Dramen!
Dir, Mädchen, blinkt der Lyrik Hoffnungsstern!
Schwingt auf des Volkes Zunge eure Namen,
Ein Lied, das euch besingt, das hört' ich gern!
Und glaubet nicht den neunmalklugen Damen,
Nicht den zu weisen, zu belesnen Herrn,
Dass alles Große schon benannt, beschrieben –
Wer rückwärts denkt, ist oft zurückgeblieben!

Traut denen nicht, die immer Antwort wissen,
Zu fragen fehlt so manchem Schneid und Mut.
Wer vorwärts strebt, wird sie sich stellen müssen,
Denn ist die Frage nicht des Strebers Blut?
Ist Antwort wirklich das, was wir vermissen?
Ist gar die Suche statt dem Fund das Gut?
Womit das Offne ich gestehend schließe:
Mit Freuden ich statt Schiller Schüler hieße."

☙

Am 9. Mai 2005 jährte sich der 200. Todestag von Friedrich Schiller. Anlässlich dieses Tages schrieb die Friedrich-Schiller-Universität Jena zu Ehren ihres Namenspatrons einen Schreibwettbewerb aus, wovon ich meinen damaligen Beitrag hier wiedergebe. In Anspielung auf Schillers berühmte Antrittsvorlesung als Jenaer Geschichtsprofessor lautete das Thema des Wettbewerbes: Was heißt und zu welchem Ende kann man heute Schiller lesen?

Mein Gedicht *Am neunten Mai 2005 in Weimar*, das nun in würdevollen Stanzen den alten Friedrich etwas mürrisch aus seinem Grabe auferstehen und vor großem Publikum eine gepfefferte Rede schwingen lässt, fügte ich damals nahtlos meinem Aufsatz an. Vielleicht war das zusätzlich zu meinem ohnehin schon recht leidenschaftlichen Text der Jury dann doch zu reaktionär oder unwissenschaftlich. Ich aber konnte Schiller damals weder nüchtern lesen noch sachlich bearbeiten. Als junger Student war mir Schiller der Inbegriff von Leidenschaft und Feuereifer. Vor allem seine Balladen waren für mich kein Lese-, sondern Zündstoff.

Es folgt – nicht ganz ohne Bedenken meinerseits – der Wettbewerbsbeitrag von 2005. Ich möchte Ihnen hiermit einen weiteren schonungslosen Einblick ins Schaffen aus meiner Frühzeit gewähren.

Was heißt und zu welchem Ende kann man heute Schiller lesen?

Kraft ... Ich überlege, wie ich auch ohne angefaulte Äpfel Kraft in meine Zeilen packe. Denn wenn ich heute an Friedrich Schiller denke, ist es eigentlich nichts als Kraft, die ich daraus gewinne – junge, wilde, ungezähmte, aufrichtige und aufrichtende Kraft, die sich bereits in losen Gedankensplittern an ihn oder einzelnen seiner Strophen derart verdichtet und ballt, dass ein immerwährender Überschuss davon auch mich zu Tätigkeit und Unruhe treibt.

Ich kann Schiller meist nicht genießen. Man geht schneller, ihn im Kopf. Ich muss ihm folgen, nacheifern, ihn überholen, unterschätzen und verspotten, beneiden und ein wenig dafür hassen, wie er mich als unbarmherziger Trainer zu pausenloser Leistung peitscht. Ich gehöre zu denen, die das Denkmal vorm Weimarer Nationaltheater noch gestern erdrückte, die es heute als Kaaba umpilgern und schon morgen verlockt, es ordentlich mit Schneebällen abzuschießen.

Man munkelt, er saß monatelang abgeschottet von der Welt, von der Natur und sicher auch seiner Familie am Schreibtisch. Ist das nicht unmenschlich, schwer verständlich und pathologisch? Jein! Es ist nur insofern unmenschlich, weil der gewöhnliche Strebende eben eher ein Wanderer als ein Sitzender ist. Man trifft und grüßt ihn üblicherweise auf offner Straße, wenn er zu Fuß die Erde umrundet und sie nicht als Höhlenasket in Gedanken umkreist. Menschlich ist das Streben jedoch an sich, egal wie und wo man sich befindet. Der Stubenhocker kann genauso aktiv sein, genauso strebsam wie der unermüdliche Globetrotter. Ein Doktor Faust muss nicht zwangsläufig alle Kontinente betreten wollen, er kann sie ebenso bedenken.

Ich kann auch nicht sagen, dass ich Schillers Zurückgezogenheit nicht verstehe. Sobald mich das Fieber packt, brüte ich ja selbst zu jeder Tages- und Nachtzeit über den Schriften und lasse meine Liebste allein. Da zieht es mich unwiderstehlich in die tosenden Strudel der Epik und Lyrik, von denen man nie weiß, ob sie einen wie die Windhosen hinauf zu den Göttern oder wie im Ozeanwirbel hinab in die Hölle saugen. Da bleibt mir Wehrlosem nichts, als mich den Gewalten zu übergeben und wie ein Kriegsberichterstatter zu versuchen, wenigstens einen Hauch von dem Orkan für die Nachwelt aufs Papier zu retten. Wenn das pathologisch ist, nehme ich das in Kauf, denn es nicht zu tun, wäre selbstverschriebner Suizid. Nimm dem Dichter seine Federn, und er geht zugrunde wie ein gerupftes Küken.

Besser ist, sie ihm zu lassen – vielleicht wird er das Fliegen lernen und eines Tages lehren. [Anmerkung: Diese letzten drei Sätze zum Beispiel würde ich aus heutiger Sicht so nicht mehr stehen lassen. Sie klingen mir mittlerweile zu kraftmeierisch, altklug und unklar.]

Wenn ich Schiller ganz in mir aufleben lasse, wenn ich ihm wirklich zuhöre, verleiht er mir tatsächlich Flügel. Das sind seltene, sehr glückliche Momente, in denen ich nicht sein Pathos belächle oder zitiere, sondern als unbedingt richtigen, ja einzig sinnvollen Ausdruck verstehe und in mir selbst als Echo vernehme. Er kommt mir dann vor wie ein hemmungsloser leidenschaftlicher Tänzer, beleuchtet im Galasaal, umringt von staunenden Prominenten und Schaulustigen, die er alle zum Tanz bittet und die doch nicht einwilligen. Sie vergöttern ihn, geben Applaus und haben darüber verlernt, ihm zu folgen. Dann kommt er direkt auf mich zugeflogen und streckt die Hände aus, dass ich in dieser winzigen, herrlichen Geste viel mehr als bloß die Einladung zu einer schwungvollen Runde sehe. Es ist die Aufforderung und zauberhafte Chance, aus dem Kreis der Normalität ins Reich der Hingabe, in sein Elysium ohne Zäune und Hemmnis zu wechseln.

„Dort bist du Mensch, hier bist du Gott!", ruft er mir zu. „Lass los, greif um und werde frei!"

Es ist so einfach! Man muss ihn nur allein und unbefangen zu Wort kommen lassen. Ein jeder setzt sich doch aus verschiedenen Persönlichkeiten zusammen, und ich glaube, gerade Schiller ist beständiger Teil von all denen, die da nach Antwort, Sinn und Freiheit suchen. Deswegen besitzt er auch unter der Jugend seine glühendsten Verehrer. Sein rastloses Vorwärtsschreiten, dieses Aufblühen, Sichhineinstürzen und Verlieren im Schaffensrausch, dieses Nie-anfangen-aufzuhören und Nie-aufhören-anzufangen liegt bei ihm in solch reiner Ausprägung vor, dass diese seine Münze, auf der vorn die Biographie und hinten das Werk zusammengepresst sind, gewiss noch in Zukunft Tausende Schwärmer trunken, Trunkene nüchtern und Nüchterne schwärmerisch werden lässt.

Sie halten das für pathetisch? Nun, einst hielt auch ich mich für pathetisch, und zwar so lange bis ich Schiller gelesen habe. Exakt, es fing scheinbar völlig harmlos mit dem Lesen an. Der Schriftsteller mit seinem Produkt ist doch im Grunde nichts als ein unbekanntes Gewässer, das man erkunden möchte. Man tastet sich zumeist zögerlich heran, prüft die Güte, die Temperatur und vertraut sich, wenn genehm, einem lauwarmen, nicht allzu tiefen Badesee an. Mit Schiller war das anders. Ihn zu lesen hieß, sich in mitreißende, schäumende Wellen zu werfen, in einen brüllenden Strom, der einen atemlos fortspülte und schwerlich an seichtes Ufer schwemmte.

Ich verrate Ihnen sein Geheimnis: Es sind die Balladen. Ich war neunzehn, brauchte Strömung und kein Planschbecken. Meine Eltern besaßen ein Lesebuch von ihm, einen groben Querschnitt seiner Arbeit: *Kabale und Liebe, Wallensteins Lager,* diverse Briefe und philosophisches Allerlei fand sich darin, und all das habe ich damals nie beachtet. Dafür weiß ich noch heute die Seitenzahlen, mit denen *Die Bürgschaft* und *Die Kraniche des Ibykus* begannen. Die waren Feuer und ich war Flamme! Schwitzend, blätternd, dürstend, lächelnd, die Kommilitonen überlegen bemitleidend, weil ich als Einziger die Werte, wahre Werte in den Händen hielt, so verging manche Chemievorlesung meines Grundstudiums. Das war besser als zu schwänzen, besser als auszuschlafen oder Kantinenkaffee zu schlürfen. Das war auch nie die Sucht nach Genuss gewesen, denn Genuss hat zu viel von Behaglichkeit und zu wenig von Sprengstoff.

„Ihr wollt lernen?", schrie ich durch den Hörsaal. „Warum starrt ihr dann immer nur die Tafeln an?"

Dort stand Kurzlebiges aus Kreide, hier Unsterbliches aus Blut! Ich konnte nie verstehen, weshalb nicht alle so wie ich vor dem trocknen Stoff in erfrischendere Gefilde abtauchen und

Schillers Weisheiten verschlingen mussten. Offenbar fühlte sich unter den Studentenscharen einer Friedrich-Schiller-Universität nicht jeder dazu berufen, dem Namenspatron die Treue zu schwören. Offenbar waren viele zu Schaulustigen und wenige zu Tänzern geboren. Die Jugend muss sich austoben, sich finden und behaupten. Doch am liebsten will sie für eine gute, große Sache untergehen. Sie will der Taucher sein, der nach dem goldnen Becher in die Brandung springt, um Loyalität zu beweisen. Mir war es egal, ob für einen Glauben, ein Mädchen oder eine Freundschaft, ich wäre in jede Armee eingetreten, wäre in jeden Kampf gezogen, sobald nur mein Ehrgefühl zu der Idee des Ganzen „Ja!" gerufen hätte. Junge Menschen sind die dankbarsten Rekruten, wenn man ihnen nur die Möglichkeit ausmalt, hernach als Helden beweint zu werden. Es ist schwer zu fassen, was ich damit meine. Man kann es nicht einfach lesen und nachvollziehen. Man muss es erleben und nicht erlebt haben, denn sobald sich der innere Aufruhr gelegt und man wieder die Ruhe hat, irgendwo in Sicherheit davon zu lesen, ist man längst darüber hinaus. Die Todessehnsucht ist für lange Zeit hinfort, sie spricht nicht mehr zu einem, denn fortan ist man erwachsen und muss sich bewahren. Aber ich darf nichts verdrängen, ich habe wirklich so empfunden und was jetzt kommt, klingt meinetwegen aufgepfropft, doch in Schillers Balladen steckt etwas von diesem gleichen Gefühl, von diesem Sichhergeben für das Höchste und Edelste, von diesem Märtyrer, der Ideale nicht aufschnappt und nachäfft, sondern sie am tiefsten Grunde seines Wesens birgt und die wunderbare Gabe besitzt, davon abzugeben. Ein Gedicht wie *Der Taucher* zeigte mir, weshalb ich überhaupt am Leben bin. Es zu lesen war zwar nicht ganz so ruhmreich wie sich selbst für jemanden in die Fluten zu stürzen, aber es war der tröstliche Ersatz und die aufbauende Heimat für die bitteren Phasen zwischen dem Altruismus. Und Chemie ist bitter.

Dabei war es am Ende immer Schiller, nicht seine Heroen oder Drachenkämpfer, es war Schiller ganz allein, dem ich mich verbunden fühlte. Wer so schreibt, mahnte meine innere Stimme, wer solche Figuren schafft, die niemals nur zum Spaß handeln, die nicht immer Gesetz, aber immer Moral verteidigen, der muss sich selbst so nach Ehrlichkeit und wahrem Menschsein gesehnt haben wie ich.

Schiller war einer von uns und nicht von denen! So durchströmte es mich oft, obwohl ich absolut nicht wusste, wen genau ich mit uns und denen meinte. Er war arm, nicht reich, ein Künstler, kein Nabob, oft krank und trotzdem „auf Arbeit", hatte statt Goethes Pausbacken und Doppelkinn diesen forschen Blick auf straffen Wangen. Zum Glück, denn nichts war verwerflicher als das Gegenteil, ist er jung gestorben! So konnte man ihm Sturm und Drang ins Gesicht meißeln.

Heute vermute ich, damals im eigenen Fleisch gespürt zu haben, dass dieser Dichter mit seinen hochtrabenden Formulierungen und abgehobenen, idealischen Welten dem bescheidnen Fußvolk trotzdem ewig verwandter sein wird als der eloquente Gelehrte mit seinem akademischen Geschwätz. In dieser aufregenden Zeit glaubte ich bisweilen ernsthaft, Schiller viel näher zu sein, ihn viel besser zu kennen als mancher Professor, der seine Habilitation über ihn verfasst hatte. Schiller verstehen, indem man ihn wissenschaftlich analysiert? Das schien mir so fern wie eine Definition der Liebe.

Im Prinzip weiß ich auch jetzt nicht mehr über Schiller. Seine Flucht aus Schwaben, seine Verschuldung, seine Hochzeit, seine Pause zwischen den Dramen, seine Antrittsvorlesung und sein Adelstitel, ja, ich habe das alles nachgeholt. Und trotzdem hat es mir keine neuen Horizonte geöffnet! Das waren bloß ergänzende Fakten und Maßzahlen, Dinge eben, die man an Tafeln schreibt. Seinen Lebenslauf zu verfolgen war interessant, doch nicht mehr. Es war wie an den Hängen des Vesuvs nach verschütteten Dörfern zu graben anstatt am Krater vom Ausbruch zu träumen.

„Das Amt eines Dichters", hat ein berühmter Denker einmal gesagt, „ist nicht das Zeigen der Wege, sondern das Wecken der Sehnsucht." Schiller weckt Sehnsucht. Das ist, je länger ich es betrachte, die einzig gültige Antwort auf die Frage der Überschrift und der Kern, den ein aufgeblähter Essay umhüllt. Es muss auch nicht gleich die Sehnsucht nach dem Tode sein. Mein Großvater, der unweit der Fürstengruft wohnt, hat alles von ihm gelesen. Für ihn ist das Schillersche Sehnen wohl eher eines nach Refugium. Über Monate hinweg hat er mit stoischer Ausdauer jeden einzelnen Band der Nationalausgabe ausgeliehen, verlängert und in seiner kleinen Nische am Fenster inklusive Fußnoten durchgeackert. Fürwahr eine seltsame Form von Frieden! Manchmal habe ich mich gefragt, warum er sich das antut, warum er auch noch den letzten Brief an Körner und die millionste Xenie begutachten muss. Mir schwante, es war nicht allein die zeitweilige Ruhe vor seiner Ehe, die er dort im Versunkensein fand. Da hätte er sich ebenso an eine Werkbank stellen oder einem Schachverein beitreten können. Aber was war es? Was genau? Ich weiß es nicht. Ich habe ihn nie speziell gefragt und werde das Glänzen in seinen Augen hier nicht auf gut Glück deuten. Mein Eindruck davon genügt:

Zunächst sah ich da einen zufriedenen Menschen. Er – also mein Großvater – schmökerte und sinnierte, räusperte sich, dachte weiter, nahm das Lexikon zu Hilfe und lächelte manchmal ein wenig, auch wenn man ihn gar nicht angelacht hatte. Das ist das Bild, woran ich mich immer erinnern werde. Es ist privat. Höchstens Schiller kennt es besser als ich.

Da war aber noch ein anderer Gedanke, einer der sich seltener zu Wort meldete, der sehr jugendlich ist und deshalb viel Nachsicht erfordert. In meinen kühnsten und aufmüpfigsten Momenten erschien mir nämlich diese stille Sisyphusarbeit nicht wie ein selbstverordnetes Labsal, sondern wie ein aufgebürdeter Fußmarsch durch eine weitgehend öde Wüste, in der nur hie und da Oasen gediehen. Und noch schockierender, dieses Ausschöpfen bis zum Letzten hatte sogar etwas Abgeschmacktes, denn wirklich jede von Schillers Silben aufzusaugen kam mir manchmal so absonderlich vor wie die Jagd nach dem Speichel eines verstorbenen Meisterredners. Das war nicht einmal vor meiner Balladen-Anbetungsphase gewesen, sondern mitten darin! War ich ein Deserteur, ein antiklassischer Fahnenflüchtiger, ein Abtrünniger, der ketzerisches Gedankengut hegte? Nein, es war nur eine Prämisse, die mich dazu getrieben hatte: Schiller war auch bloß ein Mensch wie jeder andere gewesen. Er konnte unmöglich *immer* gut geschrieben haben, so gut nämlich, dass es wert war, noch zwei Jahrhunderte später seine Rente und Sehschärfe dafür zu opfern.

Die Nationalausgabe ... Pah! Hatten sie darin auch Friedrichs Schmierzettel und Kuchenrezepte als Weltliteratur abgelichtet? Was konnte man mehr in diesen adipösen, eng bedruckten Wälzern, in diesen Wortbergen finden als die kleinen Diamanten, die auch ich längst bewundert hatte? Wozu noch die Wüste nach Fata Morganas durchqueren, wenn man die Oasen schon kannte? Mir wollte das nicht einleuchten.

Ich war sogar mehr als nur aufmüpfig. Ich war eifersüchtig, denn ich hatte immer gedacht, Schiller bereits aufs höchstmögliche Podest gestellt, ihm den unübertrefflichen Respekt eines frischverliebten Draufgängers gezollt zu haben. Plötzlich glaubte ich jedoch zu erkennen, wie furchtbar leicht es anderen fiel, ihn noch näher an den Himmel zu rücken. Irgendwer musste ja diese zahllosen Fußnoten vermerkt, diese Vor- und Nachwörter geschrieben, diese Wälzer in Auftrag gegeben und diesen Mann erschreckend tief studiert haben. Das waren sicher diese älteren gesetzten Herren gewesen, zu denen nun auch mein Opa zählte. Und sie waren meine Konkurrenten! Sie bauten ihm einen viel imposanteren Thron, als ich jemals auftürmen könnte, denn ich würde natürlich niemals wie sie vergessen, dass er nur mit Wasser gekocht hatte. Dermaßen unterwürfig könnte ich nicht zu ihm aufblicken. Wie auch? Er war genauso groß wie ich gewesen: 181 lausige Zentimeter. Mein damaliger Aphorismus lautete: Wer den Dichter am höchsten in den Himmel lobt, mag auf Erden bloß nichts von seinen Rülpsern und Furzen riechen.

Mittlerweile sehe ich das gelassener. Ich vergleiche zwar diese älteren Herrschaften, diese Schillerversteher immer noch gern mit verrückten Briefmarkensammlern, die auf Teufel komm raus ihre Alben vervollständigen und allzu oft Minderwertiges erheischen müssen, aber ich beginne zu relativieren. Was ist, wenn sich dahinter nicht ausschließlich Verherrlichung verbirgt? Was spricht dagegen, ein begonnenes Puzzle fertig zu puzzeln? Und wäre es nicht möglich, dass in dieser typisch männlichen Manie genau der gleiche Antrieb steckt, das gleiche Sitzfleisch, der gleiche Drang nach Tiefe und Gesamtbild, mit dem auch Schiller ausgestattet war, wenn er im Kerzenschein reimte, bis die Schläfen brannten?

„Wenn du einmal die Zeit hast", empfahl mir mein Großvater, „dann lies das Lebenswerk eines Schriftstellers von vorn bis hinten durch."

Zeit sollte man sich nehmen, doch bin ich heute sehr weit davon entfernt, sie für solch eine Taufe der Akribie zu verwenden. Noch will ich Schiller nicht umfassend begreifen, ihn nicht und keinen anderen, denn vorerst bin ich selbst an der Reihe. Noch bin ich nicht der Vollblutkannibale und verschmähe es, den Fremdling, der von allen empfohlen und umjubelt wird, bis aufs Mark zu zerlegen. Noch reicht es mir, ein paar auserlesene seiner Stücke wiederzukäuen. Noch bin ich wenig mehr als der unmusikalische Knabe, der immer wieder dieselben zwei, drei Lieder seiner Lieblingsgruppe hört, der dazu Luftgitarre spielt und keinen blassen Schimmer von Notenlehre hat. Schillers Sprache ist meine Musik. Auch ohne Fachwissen über ihre Epoche trifft sie geradewegs ins Herz.

Diese frühe Unschuld als Unreife herabzuspielen, diesen Knaben irgendwann zu verlachen, wäre grausam. Es wäre ein verstörendes Gelächter über das erste eigene „Ich liebe dich." In Wahrheit sind diese allerersten schönen, fernverlorenen Stunden, mein Antasten an Schiller, mein Probieren und ganz persönliches Erwachen das Heiligste, was er mir beschert hat.

Ich bin meinem Großvater dankbar, dass er mir sein Idol (diese begriffliche Ungenauigkeit wird er mir hoffentlich verzeihen) nie aufgedrückt hat, dass ich Friedrich Schiller allein entdecken durfte, insbesondere weil mein Opa selbst früher Lehrer war, die bekanntlich daran gewöhnt sind, den Heranwachsenden lehrplangemäß zu foltern. Kein Drama, keine Novelle wurde je zum Interpretieren geschrieben, kein Gedicht zum Auswendiglernen. Die Schule ist es, die Schiller so manchem vergrault. Das Übrige erledigen verklärte Fanatiker. Zum Glück nimmt die Mehrzahl jener Vergewaltigten, die vor versammelter Klasse am „Kampf der Wagen und Gesänge" scheiterten, nicht an diesem Aufsatz teil, sonst würden uns Fürsprechern womöglich die Ohren schlackern vor Kritik. Bei vielen sind es nun einmal diese kurzen, heftigen Augenblicke, diese frontalen Zusammenstöße in frühen Jahren, die über Leben und Tod, über Pro und Kontra entscheiden, die einen endgültig prägen und festlegen. Vorher gab es beides, gab es rechts und links, nachher gibt es nur noch den „grandiosen Dichter" oder das „Rutsch mir den Buckel runter!".

Ich selbst bin noch dazwischen, noch in Schwebe. Meine Meinung von Schiller hat kein Gewicht. Was ich heute an Stahl aus dem Ofen ziehe, bin ich schon morgen bereit wieder einzuschmelzen. *Das Lied von der Glocke?* Ich empfand es künstlich in die Länge gezogen, als wollte Schiller mit geringstem Aufwand das Zeilenlimit im Musenalmanach erfüllen. Den Spruch mit dem getretnen Quark, den muss Goethe wohl danach geklopft haben. Aber was heißt das schon? Vielleicht werde ich es vorm Tode erneut lesen und revidieren. Ich nehme mir gern den Wind aus den Segeln und gebe zu, noch ein wenig in diesem Zustand verweilen zu wollen. Er gefällt mir. Ich darf nach Belieben wechseln, wohin es mich gerade zieht. Schillers Stücke sind nicht einfach gut oder einfach schlecht. Es hängt von meiner Stimmung ab: Sprechen sie mich an, heb ich den Toten auf den Sockel. Stoßen sie mich ab, dreh ich die beiden um.

Nun, vielleicht ist auch das nicht die reine Wahrheit – wie gesagt, ich bin in Schwebe. Manche Stücke erzeugen nämlich Stimmung, und zwar tendenziell immer die gleiche. Es ist einerlei, wann, wo, in welcher Verfassung ich sie lese. Sie zwingen mich in ihre eigne Bahn, in ihren eignen Flusslauf, und es mag sein, dass die Fachwelt hieran, an der Anzahl dieser fixen Ströme den Grad des Meisters bemisst.

Ich möchte das nicht. Ich lege mein eigenes Maßband an und halte sein Dasein bereits für gerechtfertigt, weil er imstande war, so etwas Schlichtes wie *Das Mädchen aus der Fremde* zu bergen. Dieses Gedicht ist vielleicht das atypischste, das unschillerischste, was er je geschrieben hat. Es ist kurz, einfach, nicht wortgewaltig, sondern zart. Es ist mein Schatz. Der Frühling steckt darin, die Vögel zwitschern, und dann ist da noch der Abschied, die Sehnsucht.

Möglicherweise ist die wahre Größe eines Dichters, dass man ihn derart zerpflücken darf. Jeder kann bei ihm aus dem Vollen schöpfen, jeder geht suchend auf die blühende Wiese und rupft sein eigenes Lieblingswort, seine eigene Betrachtung, seinen eigenen Schiller. Zu jedem Anlass, groß und klein, findet sich ein Leitzitat, zu *jedem* Ende kann man heute Schiller lesen, denn jedermann und jeder Verein, jeder Verlag und jedes System kann ihn verehren, veredeln, missbrauchen.

Was würde er selbst heute sprechen, wenn er dem Grab entstiege? Natürlich hat der Friedrich auch seinen eigenen Standpunkt vom Schiller. Würde er ihm den Ruhm gönnen oder seine Nase über so viel Lorbeer rümpfen? Wo würde er lieber Platz nehmen zur Festtagsrede des neunten Mai, auf dem Thron zum Sonnen oder am Schreibtisch zum *Demetrius*?

Ich weiß nur eines: Er war freier Dichter, frei im Schaffen, und dieses frei – wie das schon klingt – muss ich erleben! Der Weg dorthin ist weit und steinig. Jeden Tag will er von neuem erwandert sein, doch wenn mir Schiller eines gegeben hat, dann die Kraft anzufangen.

ÜBERALL DU

Das Blümchen, gelb am Wegesrand,
So morgenschön blüht es wie du.
Das Abendrot im Hügelland,
Bezaubernd schön glüht es wie du –
Nur du,
Überall du.

Das Vöglein hier am Dünenstrand,
So scheu und schön singt es wie du.
Ein Stern auf dunkler Wolkenwand,
So einzig schön blinkt er wie du –
Nur du,
Überall du.

Die Insel mit Korallenband,
So zeitlos schön wirbt sie wie du.
Die Fußspur im Gezeitensand,
Unfassbar schön stirbt sie wie du –
Nur du,
Überall du.

Gedichte wie *Überall du* bezeichne ich einmal als Wegrandgedichte. Die Impressionen dafür fliegen mir häufig beim Gehen zu, beim Unterwegssein entlang von Wiesen, Wäldern und staubigen Pfaden. Da passiert es mit Regelmäßigkeit, dass plötzlich am Feldrain oder hinter einem Gartenzaun eine winzige Blume ins Blickfeld gerät und ich ergriffen stehen bleibe. Oder es zwitschert ein Vogel verhalten und leise an einem nasskalten Herbsttag aus einem Gebüsch und irgendetwas verlangsamt sofort meine Schritte und lässt mich andächtig lauschen. In diesem Moment geschieht etwas – nämlich nichts! In diesem Horchen und Schauen löst sich jeglicher Vorwärtsdrang, jegliches Haben- und Anderswollen in Wohlgefallen auf. Was übrig bleibt, ist unbeschreiblich. Ich habe tausendfach versucht, es in verständliche Worte zu kleiden, doch es ist mir bis heute nicht wirklich gelungen. Selbst Wörter wie Frieden, Schönheit, Harmonie erscheinen mir fast armselig als Beschreibungen dafür.

Ein Wort wie Frieden kann sogar völlig fehlgehen, indem es viel zu enge, eher einseitige Vorstellungen von Ruhe, Entspannung und Lächeln hervorruft. Das Geschehnis, das einem in die Tiefe schauenden Menschen beim absolut stillen Betrachten einer Blume widerfährt, kann aber auch totale Leidenschaft entzünden. Es kann Lebensgeister wecken, die ihn womöglich Urschreie ausstoßen und Bäume ausreißen lassen. Anderentags wiederum wirkt es sanfter, stiller, beseligend.

IKARUS

Herz des Himmels,
Einzig beseelende,
Meerüberstrahlende
Mutter der Mütter,
O Sonne,
Aufwärts dir zu
Drängt des dürstenden Sohnes
Tiefatmende Wonne
Aus dieser eröffneten Brust.

Ströme, Blut,
Hebet mich, Flügel,
Rein in die Reine!

Schleier vernebeln dein Antlitz.
Türmt er sich, Berg?
Danieder, ihr Wolken!
Verzwerge, Massiv!
Und abwärts
Entrückt das Gemeine.

Frei schwebe, Ich,
Empor in den Vorhof
Der ewigen Einen
Zum Bade im Sphären durchtauenden Blick
Ihres Augstrahls.

O lass mich, Geliebte,
Berauscht an verströmender Liebe,
In deinem Busen
Zergehn.

Vor Jahren fuhr ich einmal des Nachts im Wagen zu meiner Freundin aufs Dorf. Unter den Wolken und Sternen des Himmels, während die Landschaft an mir vorbeizog, fiel mir dann plötzlich ein, wie ich einen Monat zuvor mit einem alten Schulfreund von Ilmenau über den Kammweg des Thüringer Waldes durch hohe Schneeverwehungen bis nach Oberhof gewandert war. Und auf einmal füllten sich meine Augen mit Tränen! Ich konnte nicht fassen, weder im Kopf noch im Herzen, dass ich das alles erlebte – nicht nur dass es zwei wackre Wanderburschen gepackt hatten, sich zwischen Terminrummel von der Familie loszueisen und ihre Freundschaft zu reanimieren, nicht nur dass uns unsere Beine dreißig bewaldete Hügel weit weg von aller Bürgerlichkeit getragen hatten und nicht nur dass im Hintergrund von dieser schönen Erinnerung meine liebe Freundin wartete. Nein, es war noch mehr darin geballt, unendlich viel mehr. Ich wusste nicht wovon. Ich mochte es nicht benennen in dem Augenblick, doch es umfasste auch die reine Möglichkeit all dessen, also dass es überhaupt irgendwie, irgendwo im ganzen Weltall möglich war, uns nach Jahrmilliarden des Köchelns und Brauens nicht bloß hervorzubringen, sondern dass ich kleiner Wurm obendrein fähig war, dieses Wunder von Zeit zu Zeit zu erahnen, wenn auch nicht zu begreifen.

Ich war damals völlig unerwartet von einem auf den anderen Moment im Frieden mit allem gewesen. Und ich meine *alles*. Ich fühlte mich wie geläutert, vollkommen klar im Geiste. Ich war auch nicht handlungsunfähig dadurch, denn ich steuerte achtsam den Wagen die nächtliche Straße entlang. Trotzdem war mir die hiesige Welt und was darin geschah nicht mehr so überaus wichtig. Das absolut Essentielle war dieser Durchblick gewesen und diese mit ihm einhergehende Klarheit, in der das ganze Leben, ob Freud, ob Leid, eine einzige unfassbare Kostbarkeit war. Unter den Sternen des Nachthimmels hatte sich in mir etwas geöffnet, dieses ungetrübt zu erkennen.

Später habe ich mich auch mit anderen Menschen darüber ausgetauscht und so erfahren, dass einige ebenfalls solche krassen Momente der Tiefenschau kennen. Solche Sternstunden eröffnen uns die Dimension der Unendlichkeit in uns selbst. Man erfährt unmissverständlich, der Kosmos ist nicht nur da oben, er ist auch in uns. Ich bin also nicht bloß die endliche Form, die alsbald zerfällt, ich bin die Unendlichkeit selbst.

Das ist sogar rational betrachtet gar nicht so unlogisch, wie es anfänglich vielleicht scheint, denn das All hört doch nicht plötzlich vor unserem Körper auf. Es durchdringt uns. Wir *sind* die kosmische Weite, jetzt in diesem Moment. Ein Teil von uns – und gerade die Ratio – vergisst das nur manchmal so schnell. Da reicht ein Klingelton am Montagmorgen, die Erwähnung eines einzigen Namens oder auch ein Blick ins unaufgeräumte Kinderzimmer aus, schon werden wir aus unserer Mitte und inneren Ruhe herausgerissen. Gedanken trüben dann unsere Sicht, wie zum Beispiel „Ich hab keine Lust" oder „Es muss ja weitergehen" oder „Das darf doch nicht wahr sein!". Schenkt man solchen Gedanken rückhaltlos Glauben, ist das der Tod für den inneren Frieden. Wenn wir aus diesen engen Blickwinkeln heraus unsere Lebenszeit nur lustlos vertrödeln, wenn wir sie übellaunig verfluchen oder hektisch im täglichen Hamsterrad abzustrampeln beginnen, dann fehlt uns die Bewusstheit für die Kostbarkeit, ja für die Heiligkeit des Lebens.

Ich brauche – oder anders gesagt – das Ich braucht, auch wenn es dies womöglich bestreitet, diese Rückbesinnung aufs überpersönliche Ganze, diese Kopplung ans All in sich und über sich selbst. Menschen, die dazu nicht fähig sind, sehen dauernd irgendwelche Probleme. Obwohl gesundheitlich vielleicht sogar wohlauf und frei von körperlichem Schmerz sind sie über weite Strecken des Tages hin frustriert, verstimmt oder abgekämpft. Ich kenne solche Tage von mir und heute weiß ich, dass mir da nichts an Dingen fehlt. Mir fehlt nur die Freiheit. Mir fehlt die Klarheit zu sehen, dass sich mein wahres Selbst nicht nur in einem engen eingebildeten Identitätskonstrukt verbirgt. Es ist doch so: Jeder Gedanke, der das Wörtchen *ich* enthält, ist letztendlich wie ein Gebäude. Man kann da hineingehen, unterkommen, vielleicht etwas Schutz und Behagen finden, doch wenn wir den Ausgang vergessen, wird dieses Gebäude schnell zum Gefängnis. Man ist dann gefangen in seinen Gedanken und Sorgen ums Ich. Da hilft es vielleicht, mit sich zu Rate und in die Tiefe zu gehen, sich einzugestehen, dass man sich wirklich verrannt hat. Oder man sprengt die Decke hoch in die Luft. Und wie geht das? O Menschenskinder! Wir haben so wenig Energie, so wenig Feuer in uns, sind ständig nur mit Bienenfleiß beschäftigt, da und dort und irgendwo stückchenweise an den äußeren Umständen etwas zum Besseren zu wenden oder eben an uns selbst herumzudoktern mit Yoga, Zen und Küchenpsychologie. Niemand, aber auch wirklich niemand fragt sich doch, wie man heute, nicht erst morgen, sondern jetzt, *jetzt gleich* vollkommen klar, vollkommen frei sein kann und wie von Glückseligkeit durchtränkt.

Leben, einfach leben, das ist – *wu!* – ein Schrei, der dir das Weltall aus dem Rachen jagt. *Ikarus* ist nichts anderes als der Ausdruck – der Ausbruch – solch einer inneren Detonation. Hier wirkte kein Sternenblick innere Weite, hier wirkte das Sehen der Sonne ekstatische Sprengkraft.

Dicke belasten das Gesundheitssystem

„Dicke belasten das Gesundheitssystem?" In Prägnanz müssen die aber noch üben. Wie gefällt euch das: Dicke sollen sich dünne machen!"
„Zieh das über und quatsch nicht."
„Die speichern die Zeiten. Und hier – reib dir unter die Fumpe das Zeug!"
„Warum denn? Ich bin schon desinfiziert."
„Weil du sonst umkommst in dem Gestank."
„Gestank? Ich dachte, da kommt sofort Erde drauf."
„Los endlich!"
„Laufen wir etwa?"
„Zehntausend Schritte, du weißt schon, das Programm …"
„Aber draußen haben wir doch Maschinen. Warum sind wir dann so viele?"
„Mach die Augen auf! Lesen kannst du doch laut Pass."
„Wieso?"
„Da auf den Kitteln."
„Arbeitsscheue belasten das Gesundheitssystem. Oligophrene belasten das Gesundheitssystem. Alte belasten das … Ach so, die schmeißen andere Abteilungen. Mülltrennung, verstehe."
„Jetzt spute dich! Möhre ist schon bei zweihundert."
„Das Reden hat der übrigens nicht erfunden. Sag mal, sind das Krähenschwärme da hinten? Krass! Aber, hm, Arbeitsscheu – Scheu vor der Arbeit, wie messen die das?"
„Möhre, nun warte doch mal! Ich nehm ja die Zeit."
„Arbeitsscheu? Komisch … Alter, Gewicht, Größe, stumme Erblast, Intelligenzquotient, relative Muskelmasse, ja, aber …" –

„Aber was? Was verstehst du nicht, Junge? Weshalb so still auf einmal?" –
„Lass ihn! Er sieht die Gruben."

෧

Meine Familie hat mich, und dafür bin ich rückblickend ausgesprochen dankbar, weitestgehend unnationalistisch erzogen. Zwar unterschieden auch meine Eltern wie alle anderen Bürger die Menschen anhand deren Nationalität, deren Muttersprache, deren Hautfarbe und so weiter, doch war ihnen ein fremder Mensch in erster Linie eben ein Mensch und nicht etwa sofort ein Russe oder Neger. Derlei meist abwertend gebrauchte Wörter gab es bei uns am Abendbrottisch, wenn überhaupt, äußerst selten zu hören. Meine Mutter und mein Vater, ebenso meine Großeltern trachteten seit meiner Kindheit danach, meinen diesbezüglichen Horizont zu öffnen und nicht mit Vorurteilen einzuzäunen. Vielleicht denke und träume ich auch deswegen gerne weltumspannend, das heißt, jedes Land und jedes Völkchen auf unserer Erdenkugel erscheint mir heute nie als zwielichte Bedrohung, sondern zuallererst als Bereicherung der irdischen Vielfalt. Natürlich bin auch ich ein Deutscher – ein recht heimatverbundener übrigens – doch halte ich meine örtliche und kulturelle Heimat nicht anderen Landstrichen oder Kulturen, also anderen Heimaten gegenüber für überlegen oder für wichtiger.

In *Dicke belasten das Gesundheitssystem* habe ich nun auch einmal eine Zukunftsvision gezeichnet, in der statt liebevollem Verständnis und Weitherzigkeit ganz andere Mächte die Gesellschaft beherrschen. Es ist vielleicht mein sozialkritischstes Gedicht überhaupt, vielleicht sogar mein bisher einziges dieser Art. Hierin durchsetzen Ausgrenzung und berechnendes Kalkül den Geist der Menschen und deren ganzes Lebensumfeld. Wie ein Krebsgeschwür wuchert hier die wissenschaftlich wohlbegründete Überzeugung, die Volksgesundheit und die Leistungsfähigkeit des Einzelnen maximieren zu müssen. Alles, was nicht dem Standard und idealen Messwert entspricht, wird in dieser düsteren Zukunft beschnitten oder eliminiert. Genauso wird jede Zeile bei der fünften stark betonten Silbe, egal was noch folgt, radikal umgebrochen. Die Worttrennungen an drei Zeilenenden sind also keine Fehler vom Setzen des Textes. Sie sind bewusst hier eingefügt.

Wenn ich mich tief hineinversenke, beschwören diese paar Zeilen Bilder fast apokalyptischer Endzeitstimmung herauf – nichts für zartbesaitete Naturen, obwohl gar nichts großartig Schlimmes, gar nichts Weltbewegendes passiert. Drei Männer beginnen ja nur ihren Arbeitsalltag auf einer Mülldeponie …

Singsang vom Zaungast

Mein Weg führt an Hütten und Häusern vorüber,
Ich höre die Menschen darin.
Sie wohnen, sie wissen, die Milch kocht schnell über.
Ich gehe, ich weiß nicht wohin.

Ich hab keine Bleibe, ich bleib ohne Habe,
Mein Dach ist die Wolke im Wind.
Im Sarg ohne Deckel leg ich mich zu Grabe,
Vielleicht sind die Toten nicht blind.

☙

Auch dafür bin ich dankbar: Als Stadtkind wuchs ich trotzdem in Waldnähe auf. Gleich oberhalb meines Wohngebietes, wo tausende Familien in mehrstöckigen Betonblöcken lebten, nur fünf Minuten Fußweg von meiner Wohnungstür entfernt, begann eine hüglige Wald- und Wiesenlandschaft sich rings um das ganze Stadtgebiet zu ziehen. Dieser grüne Gürtel aus Wildnis und Abenteuerland war mein Schutzgebiet. In meiner Vorstellungswelt dehnte es sich bis zur Taiga und zur Indianerprärie. Rein rechnerisch habe ich viele Monate meiner Kindheitsjahre „da draußen" verbracht – in allen Stimmungs- und Wetterlagen, oftmals mit Freunden, doch meistens allein. Bereits als kaum zehnjähriger Knopf zog mich die Waldeseinsamkeit an, die aufrechte Würde der riesigen Bäume, das Rauschen da oben in ihren Wipfeln und diese Andersartigkeit, diese stille Aura alles Heiligen.

Ich erinnere mich, beim Versteckspiel am Waldrand mit gleichaltrigen Kindern kaum jemals vom Sucher entdeckt worden zu sein, weil ich mich gerne ganz weit und ganz tief in den Schutzmantel von Mutter Natur zurückgezogen und eingemummelt habe. Irgendwo am Bergwaldhang hinterm dichtesten Brombeergesträuch zwischen beindicken Kiefernwurzeln lag ich dann eingekugelt und regungslos, ohne mir Mühe zu geben mich freizuschlagen oder aus Herdentrieb bemerkbar zu machen. Ich verspürte eben Geborgenheit in dieser Ersatzheimat Wald. Gewissermaßen fühlte ich mich den Rehkitzen, Hirschen und Füchsen, die den menschlichen Siedlungsraum mieden und hier in Waldesruh lebten, verwandter als meinen Artverwandten, die da unten nur Stadtluft im Talkessel rochen, die im Großstadtmief schmorten und auf Bürgersteigen mir unverständlichen Zielen nacheilten. Ziemlich sicher können erreichte Karriereziele und erwirtschaftete Profite nicht einmal ansatzweise dieses Gefühl von Heiligkeit und Naturverbundenheit, dieses Aufgehen und Zuhausesein im Moment erwecken, wie es manchem noch zu vollständiger Herzensöffnung fähigen Kinde unter waldigem Blätterdach widerfährt. Solch ein Kind oder Gesegneter erfährt sozusagen Entselbstung. Das Ich ist weg, spurlos aufgelöst, das Leben somit schwerelos, im Gegensatz zu dem höhepunktartigen Zustand, wenn jemand *sein* Ziel erreicht oder *seine* Gewinnsumme einstreicht, was oft nur das Ego gewichtiger macht. Ein Wald ist jedenfalls mehr als nur Naherholungsgebiet für Anrainer, Städter und Hundebesitzer. Er kann wirklich ein Hort und Vermittler sein für spirituelle Reifung. Er kann selbst in chronisch kranken Menschen Dankbarkeit wecken, sogar tiefen, konfessionslosen Frieden bewirken, ist also nicht minder heilsam als läuternde Kirchenbesuche, als medizinische Arzneien und die beste Psychotherapie. Nur im Egozustand von Abgespaltenheit, Naturentfremdung oder Unwissenheit kann man Wälder und Naturlandschaften vorrangig als Besitztum betrachten, als bloßen Wirtschaftsfaktor vermarkten oder gar weitflächig dezimieren, um etwas Einträglicheres anzupflanzen oder hinzubauen. Niemand, der tiefe, also nicht objektgebundene Liebe empfindet, niemand, der vollkommen verständnisvoll, also randvoll an Verstehen ist, würde jemals dergleichen der Natur und damit sich selber antun. Allerdings könnte solch ein Liebender – das sind wir selbst im erd- und allverbundenen Grundzustand ohne all die Verbiegungen und Verblendungen unseres Geistes – auch niemanden hassen, ächten, denunzieren – noch nicht einmal einen mutwilligen Umweltzerstörer. Er könnte zwar traurig sein über Umweltzerstörung, Vermüllung, Profitgier und Naturmisshandlung, aber eher wie eine herzensgute Mutter, die eben erfährt, dass ihr Kind wieder Katzen gequält oder Nachbars Rosenstöcke verunstaltet hat.

Noch hinter den Höhenzügen, die mein Viertel umgrenzten, etwas weiter stadtauswärts liegt ein verwunschenes Seitental – mein kleiner Geheimtipp und persönlicher Favorit der bewaldeten Talgründe hiesiger Lage. Gern führe ich Wander- und

Blumenfreunde hierhin, um zusammen nach Kuhschellen, Silberdisteln und blühenden Frauenschuhen zu schauen, um die große Silhouette eines Schwarzspechtes erspähen oder ein wenig in Welt- und Selbstvergessenheit schwelgen zu können. Dieses Tal ist so nahe der Zivilisation und doch so welt- und menschenfern, dass man sich inmitten seiner bewahrten Ursprünglichkeit ohne weiteres ein halbes Jahrtausend in die Vergangenheit zurückversetzt meint. Ein feinfühliger Mensch mag hier durchaus in den Buchen- und Kiefernkronen etwas Großes und Unveränderliches wie einen Anhauch von Ewigkeit hindurchwehen spüren. Ich selbst, vielleicht nicht gänzlich unsensibel dafür, habe aber als Kind an den dortigen Wiesensäumen und besonnten Trockenhängen meistens doch eher einem Laster gefrönt, und zwar die Tage nach allen Regeln der Kunst zu vertrödeln, im Müßiggang zu verbummeln und zu verträumen.

Kennen Sie vielleicht auch solche Kinder, solche Tagträumer und Außenseiter in Ihrem Bekanntenkreis? Bitte grenzen Sie sie nicht aus. Es sind sensible Naturen mit verborgenen Talenten, die sich oft nur in einem Klima der völligen Freiheit und Warmherzigkeit zur Blüte entfalten.

Albatros

Einst bin ich hinausgeflogen,
Weit von jedem Landungspier
Über schäumend weiße Wogen,
Frei von Leid und von Gewicht,
Weiter noch als alle hier,
Doch ein Ende fand ich nicht.

Nach der See wie traumverloren
Ewig uns zurückzusehnen
Werden einzig wir geboren.
Sei beruhigt, kommt deine Zeit,
Gehst du selig unter Tränen
Ein in die Unendlichkeit.

҈

Noch deutlicher kann ich es symbolisch kaum formulieren: Unsere wahre Heimat ist gar kein Ort, es ist die Unendlichkeit.

Gärtners Ende

Gärtner:
He, Faulpelz, steh deinen Mann!
Zackig, zackig, forsch heran!
Was gaffst du noch?
Ich brauch ein Loch
Gut einen Klafter lang und breit
Am besten gestern und nicht heut!

Sohn zu sich:
Warum denn immerzu erbost?
Alter, bist du noch bei Trost?
Von hier nach dort
Jagst du mich fort
Und hin und her, treppauf, treppab –
Zum Atmen ist die Zeit zu knapp.

Gärtner:
Was stehst du wie ein Ölgötz rum?
Bursche, mach den Buckel krumm!
Mein Kreuz ist lahm,
Lass deinen Kram
Da stehn! Hopphopp im Eilgang,
Sonst zieh ich dir die Ohren lang!

Sohn zu sich:
Ich packe doch mit Kräften zu,
Böser Sklaventreiber, du!
Von Beet zu Beet
Von früh bis spät
Grab ich nach Wurzelwerk und Stein,
Zieh Quecken aus und Splitter ein.

Gärtner:
Greif dir die Hacke, Tagedieb!
Hacken sollst du Hieb auf Hieb!
O nein! Halt ein!
Das darf nicht sein!
Hab ich's nicht tausendmal erklärt?
Du Esel, so ist's grundverkehrt!

Sohn zu sich:
Gleich platzt der enge Kragen mir!
Keiner schimpft mich Lastentier!
Es kocht mein Blut,
Es brodelt Wut,
Mit Mühe zügle ich die Kraft,
Noch halt ich mich am Hackenschaft.

Gärtner:
Zisch ab! Verdrück dich, Taugenichts!
Diesem Hornochsen gebricht's
An rechter Hand
Und am Verstand.
Wenn man nicht alles selber macht,
Wird nie der Arbeit Soll erbracht.

Sohn zu sich:
 Herrgott! Des Teufels Folterqual
 Reicht mir ein für alle Mal!
 Ein Loch soll her?
 Dann bitte sehr!
 Tritt vor, ich trete gern zurück
 Und grab es tief in dein Genick!

Familienleben hat – bei all seinen Freuden – bekanntlich auch seine Anstrengungen, seine Reibungspunkte, sein Konfliktpotential. *Gärtners Ende* ist nun zwar kein getreues Abbild meiner eigenen familiären Gartenerfahrungen, aber ich möchte es – auch weil es mit einem Augenzwinkern geschrieben wurde – beispielhaft vorführen für zwischenmenschliche Herausforderungen, mit denen auch mein Elternhaus nicht zu knapp gesegnet war.

Heute kann ich über vieles von damals lachen, auch mit meiner Familie, und manchmal fällt mir dann diese Geschichte vom weisen Alchimisten ein, der seine Schüler einmal einer ganz besonderen Prüfung unterzog:

Ein Alchimist rief einmal seine zwei besten Schüler zu sich und fragte sie, wie man feststellen könne, ob etwas aus Gold sei.

„Mit den Zähnen", antwortete der erste Schüler sogleich. „Echtes Gold gibt nach, wenn man draufbeißt."

„Man kann es auch mit Säure anätzen", ergänzte der zweite Schüler. „Oder man wiegt es und bestimmt sein Volumen."

Der Alchimist aber lächelte nur. Schließlich sagte er: „Ein paar Tage im Kreise der engsten Familie – so prüft man Gold."

Und damit schickte er die beiden für eine Weile nach Hause auf Heimaturlaub.

Beim Lesen eines alten Gedichtes

Ich lese nachts im fahlen Lampenschein
Ein koreanisches Gedicht.
Es ist gereimt, es will nichts Großes sein,
Das Lied vom armen Mädchen.
Sie sitzt am Spinnrad, redet nicht,
Spinnt traurig Garn an ihrem Rädchen
Für einer andern Hochzeitskleid.
Vierhundert Jahre ist das her!
Mein Auge glänzt.
Mein Herz wird, sie umarmend, schwer.
Drehst du das Rad der Zeit?
Was ändert sich, wenn Jahre rinnen?
Der Mensch? Mein Bild gerät ins Wanken.
Ich sitze einsam hier wie sie beim Spinnen
Von Fäden, von Gedanken.

☙

Ich möchte Sie etwas fragen: Wann haben Sie zuletzt die Vollkommenheit eines Menschenwesens gesehen? Oder anders: Sind Sie nicht auch manchmal angesichts eines Menschen derart tief berührt, dass Sie glasklar sehen, wie ganz und gar vollkommen er ist? Dass er einzigartig, dass er unschätzbar wertvoll ist und dass sich die ganze Schönheit von Mutter Erde in seinem Hiersein zu erkennen gibt?

Ich mag mit diesen Fragen nicht aufdringlich sein, aber tief empfundene Schönheit ist mir so wichtig – wichtiger auch als meine Worte, die versuchen, das zu transportieren. Ich erinnere mich zum Beispiel daran, diese unermessliche Schönheit vor Jahren einmal in einer jungen Frau erkannt zu haben. An jenem Abend las ich einen schmalen, aber gehaltvollen Dichtband aus Korea. Und auf einmal stieß ich auf das *Lied vom armen Mädchen*. Die Übertragung ins Deutsche war derart gelungen, absolut schnörkellos, prunklos, aber durch und durch kunstvoll, dass ich durch das Gedicht wie durch ein Fenster herein in die ärmliche Stube sah, wo das Mädchen saß und traurig arbeiten musste. Ich war ihr, dieser jungen Schönheit, so nah, war so verbunden mit ihr! Das hatte nichts mit Begehren zu tun. Ich empfand nur Mitgefühl und tiefes Verständnis für ihre Lage, für ihr Leid, für ihr ganzes Leben über alle Entfernungen und Jahrhunderte, die uns oberflächlich trennten, hinweg.

Wie viele Menschen spulen wohl ihre kostbare Zeit auf Erden nur so ab, getrieben von Zwängen und Pflichterfüllung? Wie viele von uns leben ihr Leben nur ab ohne je zu erfahren, dass sie wundervoll sind – nicht weil man irgendetwas kann oder richtig macht, sondern grundlos, einfach so?

Solch ein Blick durch Zeit und Raum hindurch, solch ein liebevolles Umfangen setzt unglaubliche Käfte frei. Zu sehen, zu fühlen, dass Vollkommenheit *ist*, dass in begrenzten, vergänglichen Formen das Grenzenlose hindurchweht, dass nichts und niemand sich in irgendeiner Form weder verbessern muss noch überhaupt verbessern *kann*, das beendet den ausschließlichen Glauben an Zeit. Es bedeutet das Ende jeglicher Sorge, jeglicher Angst. Und keine Sorge, das ist kein erlernbares Wissen, das wir uns erst noch aneignen, kein Entwicklungsprozess, den wir erst noch durchlaufen müssen. Das ist zeitlose Weisheit, die in jedem von uns steckt. Durch jeden von uns ist Vollkommenheit sichtbar, erfahrbar – in diesem Moment.

Unvergessen

Unvergessen,
Kleines Baby,
Lebst du fort in unserm Herzen.
Unvergänglich
Webst du, Liebes,
Dich hinein in all mein Tun.

So wie das Windrad
Zu deinen Füßen
Vom Unsichtbaren bewegt wird,
Erst munter und schneller
Bunt überpurzelt,
Dann wieder sachte
Die Grashalme streift,
So dreht sich das Rad auch des Wandels
Dauernd im Wechsel
Durch Wochen, Mond- und Jahreszeiten.
Blumen blühen und welken.
Eilends verrinnen
Die Sommer, verbrennen
Die Kerzen,
Doch heute, hier kniend,
Steht die Zeit still. –
Kein Lüftchen weht,
Kein Blatt, das sich regt.

Andächtig schweigen,
Hüter des Ortes,
Buche und Nussbaum,
Vom Frühherbst gehüllt ins Nebelgewand.
Rings die Umfriedung
Natürlicher Schönheit
Und Hügel an Hügelchen mitten,
Lieblich geschmückt
Und bepflanzt.

Ein Grabfeld für Kinder –
Dass es das gibt!
Mutterarme wollten euch wiegen,
Unendlicher Liebe zärtlichste Fühlung,
Stattdessen wiegt euch
Mutter Erde.

Leise
Rinnt eine Träne.

Seit du fortgingst,
Habe ich wenig,
Sehr wenig geschrieben.
Leer scheinen alle die Ziele,
Vergnügen und Glanztat,
Armselig sinnlos das eitle Gebären
Großer Gedanken.

Rosige Wangen
Im Schlaf dir zu streicheln,
Einmal deine Äuglein
Mir lächeln zu sehen,
Die winzigen Finger,
Lieblinge der Niedlichkeit,
Diesen Daumen umgreifend zu spüren –
O könnt' ich dich einmal nur halten!

Oder die Mama.
Wer kann sie trösten?
Ungewaschen
Hängt über der Schranktür
Ihr Kleid, das sie trug
Zu deinem Geburtstag.

Es würden die Menschen
Nicht Kriege mehr führen,
Nicht mehr die Welt nur immer zerteilen,
Wenn sie das Wichtige sähen,
Das Eine,
Und sie die Stimme im Herzen erhörten:
Umarme das Leben,
Solange es ist.

Ein Windstoß genügt ihr,
Ein Laubblatt, noch grün, das schon fällt,
Die flüsternde Kühle auch
Hauchzarter Trauer
Eines Morgens im Herbst
Oder des Weißlings
Tänzelflug im Himmelblau,
Schon steigst du herauf
Aus den Gründen
Jenseits der Sehnsucht,
Durchdringest als Stille
Getue und Lärm,
Als glitzerndes Rinnsal
Ein Auge, das weint.

Geliebtes Sternenkind,
Ewig Vermisste,
Du leuchtest den Weg uns,
Fließest in Antlitz und Geste,
Lenkst unsre Schritte,
Füllest unschätzbar die Tage mit Tiefe,
Bist jederzeit hier –
Überall du!
Überall Spuren, und dennoch
Führt keine zu dir.
Allgegenwärtig
Bist du niemals da.

~

Es war ein heißer Spätsommer kurz vor der Geburt unserer zweiten Tochter, in dem sich ein Lebenstraum von mir erfüllte. Seit Jahren hatte ich mit dem Gedanken gespielt, einmal zu Fuß von meiner Heimatstadt im Herzen Deutschlands bis hinauf zur Meeresküste zu pilgern. Ich liebte es, als Wanderer und Frühaufsteher die Natur zu durchstreifen, doch dieser Traum war ein Großunternehmen und nicht nur ein Tagesmarsch. Damals im August gelang es mir aber, ihn in die Tat umzusetzen, was mich am Ende der strapaziösen Wanderung alle Schmerzen in den Knien und alle Blasen an den Sohlen selig überlächeln ließ.

Und damit nicht genug! Kurz darauf ging ein weiterer Traum in Erfüllung. Erstmals in meinem Leben entdeckte ich nämlich eine bisher für Thüringen noch nicht nachgewiesene Ameisenspezies. Was für ein Sommer! Ich war überglücklich damit, denn wie meine Pilgerreise ans Meer war auch das keine Kleinigkeit für mich. Es ließe sich wahrlich ein ganzes Anekdotenbuch allein mit den damit verbundenen Erfahrungen und skurrilen Erlebnissen füllen.

Wenn ich heute an diese bewegte Zeit zurückdenke, überkommt mich allerdings nicht mehr der überschwängliche Lebensjubel von damals. Manchmal empfinde ich nichts als Mitgefühl für diesen jungen, von den Wellen des Lebens hoch hinaufgetragenen Mann, der ich seinerzeit gewesen bin, als auch für meine gesamte Familie. Nur wenige Tage nach diesem Ameisenfund erfuhren wir im Krankenhaus, dass unser Töchterchen, dessen Geburt jetzt jederzeit einsetzen konnte, bereits im Bauch seiner Mutter verstorben war.

Dein Leben hing an einem seidnen Fädchen

Dein Leben hing an einem seidnen Fädchen.
Wie schön ist diese erste Nacht mit dir!
An deinem warmen Näschen schmusen wir –
Willkommen kleines, liebes Mädchen!

Nur wird dein krauses Haar nicht länger werden.
Dein Lebenspfad, er bleibt ein Lebenspfädchen.
Wir halten dich, doch dich hielt's nicht auf Erden –
Auf Wiedersehen, kleines Mädchen!

Der Kirschbaum

Ich ging, und jeder Blick war Augenweide,
An Kirschen hin,
Erblüht im blütenweißen Kleide.

Die Schönste? Sinnend wog ich die Entscheidung.
Da fand ich dich
Und Fragen wurden Zeitvergeudung.

Aus abgesägtem, totgewünschtem Stumpfe
Zweigst du, Zweig, neu
Ins Licht mit Blattkranz zum Triumphe.

❦

Bäume sind für mich eindrucksvolle Prediger. Ganz ohne Worte, ohne Geschwafel predigen sie vom Kreislauf des Lebens und von der Hingabe an den Moment. Jeder Baum ist wie ein Heiliger, wie ein Gesandter Gottes – ganz bodenständig und erdnah im Irdischen verwurzelt, doch zugleich mit dem Haupt um das Höchste bemüht und dem Himmlischen zugewandt.

Wenn wir Bäume beachten, wird jeder Waldgang zum Gottesdienst. Bäume beruhigen. Sie sind klar und verständlich im Ausdruck. Man sieht es, wenn sie leiden, man sieht die Narben der Geschichte in ihrer Borke und man sieht es, wenn sie vor Lebenskraft strotzend erblühen und fruchten. Sie scheren sich wenig darum, wen sie mit ihrem Anblick und ihren Früchten erfreuen oder vergraulen. Sie folgen nur ihrem Weg, nur dem universalen Gesetz.

Und dieser Weg ist hier. Bäume leben im Jetzt. Sie rennen nicht gleich davon vor der kleinsten Unannehmlichkeit. Sie warten still ab oder wachsen beharrlich weiter. Selbst wenn das Schicksal sie in Form einer Menschenhand an eine schmutzige Straßenecke verpflanzt, selbst dann stehen sie zu ihrem Bestimmungsort. Sie machen das Beste daraus, auch noch von Hunden bepinkelt und von Sägen verhunzt. Sie nehmen noch nicht einmal Urlaub davon. Und mir ist auch kein Baum bekannt, der sich vorm Leben davonstahl in Rauschzustände oder ins Kloster.

Bäume vergleichen sich auch nicht. Sie hegen keine Ideale. Ein Pfirsichbaum ist nicht neidisch auf die Stattlichkeit eines Mammutbaums und ein Mammutbaum beneidet keinen Pfirsichbaum um seine Blütenpracht. Es ist ganz einfach: Jeder ist vollendet.

Dieses vollendete Sein-lassen-Können, was Bäume ausstrahlen, hat mich früher, ohne dass ich es hätte benennen können, wie magisch angezogen. Unter Bäumen habe ich mich als Kind manchmal geborgener gefühlt als unter Menschen. Und wie oft saß ich noch als Auszubildender im Klassenraum, schweifte mitten im

Unterricht ab vom Tafelbild hinaus durch die Fenster zum grünen Waldsaum und dachte, was wohl wäre, wenn dort ein Sehnsüchtiger, wie ich dereinst gewesen war, mit heiß überschäumendem Lebensgefühl in der Brust an den mächtigen Baumstämmen läge und aus Schmerz und Freude und Einsamkeit weinte! Wir erwachsenen Menschen verstehen solche Baumverbundenheit aber kaum noch. Wir fühlen nicht mehr das Leben, wir berechnen es. Und so ziehen und zerren und zupfen wir eben unablässig am Vollendeten herum, um auch die saftigsten Äpfel noch saftiger und die schönsten Magnolien noch schöner zu züchten. Oder wir sägen die Bäume kurzerhand ab, weil sie, die uns überhaupt erst zum wirklichen Hinsehen wachrütteln können, uns angeblich die Aussicht versperren oder mit fallenden Ästen bedrohen. Dabei ist das Einzige, was das Leben auf dieser schönen Erde tatsächlich bedroht, die unbewusste Überzeugtheit, mit der wir Menschen Urteile und Entscheidungen fällen. Mein Gott, können wir denn Bäume nicht umpflanzen oder wenn schon fällen, dann nebenan einen jungen Baum ins Erdreich tun?

O ihr Baumwesen, herrliche Kinder der Mutter Natur, die ihr uns rastlosen Zweibeinern kostenlos Nahrung und Schatten, Brennholz und Bauholz, Atemluft und Weisheit spendet, bitte vergebt uns! Manchmal behandeln wir euch unachtsam, übersehen und beschädigen euch, stutzen euch nach unserem Gutdünken zurecht. Manchmal sperren wir euch sogar ein oder töten euch nur aus Geldgier, aus Habgier. Aber gebt uns Menschen nicht auf. Geliebte Bäume, lehrt uns Menschlichkeit! Manchmal wissen wir noch nicht, wie das geht.

Verzweiflung eines Schulabgängers

Lehrer, du gescheiter Narr,
Schwingst immer noch den Zeigestock?
Umkraucht und küsst bemoosten Rock
Auf ewig deine Schülerschar?
Zu dir hab ich einst aufgesehen,
Nachzustammeln, nachzukrähen,
Fakten, Formeln aufgesogen,
Ahnungslos mich selbst betrogen!
„Wer nichts weiß, wird nichts erstreben –
Wissen ebnet euer Leben!"
Für diese Floskel ernte Dank!
An ihr bin ich mein Lebtag krank.
Sie fasst zusammen, was mich weit verschleppte:
Wissen, Lügen und Rezepte.
Was wär' denn, wenn ich alles wüsste,
Wenn Blut und Tränen mir vom Maul troffen,
Hätt' ich der Wissenschaften Brüste
Ausgequetscht und leergesoffen?
Wär' sie gestillt, die Wissbegier?
Wär' ich zufrieden dann mit mir?
O, nichts mehr wissen, nichts begehren!
Lehrt mich niemand das Entlehren?

So, im Moment bin ich richtig schön aufgewühlt. Das passt also einigermaßen zu der Grundstimmung eines verzweifelten Schulabgängers, weshalb ich vielleicht gerade jetzt zu diesem Gedicht ein paar Sätze aufschreiben kann. Ich mag auch Gedichte, die von inneren Notständen handeln, nicht immer nur aus nüchterner Rückschau und einer Art Großvaterruhe heraus kommentieren. Im Zustand von Friede, Freude, Eierkuchen versteht man ja letztlich auch kaum, was einen wahrhaft Verzweifelten plagt.

Aber von vorne: Was heute los war? Ich war verärgert, habe meine Tochter, in deren Verhalten ich einen Hauptgrund für meine Verärgerung wahrnahm, gehörig vollgemeckert und jetzt bin ich traurig über die ganze Situation – das ist los! Dabei hatte der Tag – ein gewöhnlicher Arbeits- und Schultag – so schwungvoll begonnen! Wir haben sogar noch herumgealbert im Flur, dann bekam ich jedoch auf einmal den Eindruck, meine Tochter wieder einmal zur Schule ziehen zu müssen. Es war schon kurz vor knapp, um überhaupt noch pünktlich zum Unterrichtsbeginn zu erscheinen, sie aber schaute sich minutenlang im Wandspiegel an. Dieses junge Mädchen, ein Ebenbild der kindlichen Unschuld, bewunderte seine Haarpracht, seinen Wollschal, seine eigene wirkliche Schönheit, und auch mich berührte das und ich wollte den Moment nicht vernünftig zerstören, aber es war nun einmal auch Zeit endlich aufzubrechen.

Auf meine sachdienliche, im ruhigen Tonfall ausgesprochene Erinnerung hin zog meine Tochter dann ihre Winterschuhe an, doch nun fiel ihr ein, dass ihr noch jemand ihren Morgenbrei für die Fahrt machen soll, dass ihre Federmappe noch fehlt, dass sie noch auf Toilette muss und so weiter und so fort. Na ja, so kam eben eins zum anderen. Es war der Klassiker. Ich versuchte weder in Hektik zu verfallen noch alles in Bummelei abdriften zu lassen, was mir auch leidlich gelang. Als es schlussendlich aber wirklich losgehen konnte, als wir beide angeschnallt im

Wagen saßen, ich den Motor startete und sie ihren Brei zu löffeln begann, merkte ich plötzlich, dass ich keineswegs erleichtert war, sondern stinksauer. Die Gesamtsituation hatte sich mir auf den Magen geschlagen und fast den ganzen Schulweg lang ließ ich ordentlich Dampf ab.

Als ich dann meine Tochter fragte, wie sie das selbst alles sieht, sagte sie lapidar: „Du hast mir jetzt eine Viertelstunde lang einen Vortrag gehalten – so sehe ich das."

Hm ... und nun sitze ich hier vorm Schreibzeug, lasse den Morgen Revue passieren, was sich irgendwie unbefriedigend anfühlt, und finde ihren einzigen Satz dazu viel wirkungsvoller als meine gesamte Tirade ...

Vielleicht haben wir uns auch beide eine wichtige Lehre erteilt. Und vielleicht gibt es auch kein Patentrezept, um solche Situationen generell zu vermeiden. Ärgernisse geschehen. Ihretwegen eine Art Vermeidungsstrategie zu verfolgen, zum Beispiel meine Tochter morgens jetzt konsequent eher zu wecken, damit diese Ärgersituation so nicht mehr vorkommt, halte ich für überreaktiv und egoistisch. Es käme so vor allem der Meinung meines eigenen Verstandes entgegen. Außerdem wäre das ohnehin zwecklos, denn wir waren am heutigen Morgen so früh wie noch nie auf den Beinen gewesen – und sind trotzdem so spät aus dem Haus gekommen.

Ich fände es müßig, Ärgernisse und Krisen aus unserem Leben vollauf verbannen zu wollen. Wir mögen es ja versuchen, ein idealistischer Teil von uns redet es uns vielleicht ein, Fakt ist jedoch: Es kommt anders, als ich will. Früher oder später läuft es nicht so, wie mein Ich es für optimal hält. Das Leben ist eben nicht so einfach beherrschbar wie manches Gleichungssystem, das uns der Mathematiklehrer vorzurechnen verstand.

Trotz allem Wissen, das uns vermittelt wurde, trotz aller Bequemlichkeiten des so genannten modernen Lebensstiles, trotz aller Fortschrittlichkeit sitzen wir immer wieder einmal so richtig tief in der Tinte. Da führt kein Weg dran vorbei. Wir sind dann am Ende mit unserer Weisheit. Wir fühlen uns schlecht, verärgert, ratlos, entmutigt oder verlassen. Und das zeigt uns, wo wir stehen. Nicht wie wir sie am besten vermeiden, sondern wie wir mit schweren Lebenssituationen tatsächlich umgehen, das ist meines Erachtens ein Gradmesser am Entwicklungsstand von uns Menschen.

Keine Vorsichtsmaßnahme, keine Lebensversicherung, auch kein Plan B nimmt es mit der absoluten Unberechenbarkeit des Lebens auf. Von Zeit zu Zeit versagen alle Sicherungssysteme. Jede Sicherung brennt einmal durch – auch meine eigene. Auch ich greife fehl, ich vergreife mich manchmal im Ton, auch ich mache Fehler. Oft weiß ich eigentlich gar nicht, was richtig ist. Manchmal denke ich es, bin total überzeugt davon, setze meinen Willen durch und dann stellt sich heraus, dass ich andere damit verletze.

Ja, ich verletze zuweilen andere Menschen.

Das war der Punkt, an dem ich nicht vorbeisehen mochte. Solche Ehrlichkeit kann zunächst wehtun, doch Tatsachen rütteln auch wach. Solch ein Satz auf einem Wahlplakat oder im eigenen Bewerbungsschreiben statt der üblichen Augenwischerei – damit hätte man wenigstens einmal etwas gesagt, nämlich: Ich bin auch nur ein Mensch. Und was bewirkt das? Vertiefung des Charakters und Demut. Das – und nicht irgendein Wissenszuwachs, nicht irgendeine Systemoptimierung oder technologische Neuheit – ist für mich der einzig wirkliche Indikator für menschlichen Fortschritt.

Am Nachmittag haben dann meine Tochter und ich uns noch einmal ausgesprochen. Das dauerte gar nicht lange, so als wäre die Versöhnung auf einer Ebene längst schon geschehen. Ich sagte ihr nur, dass es mir wirklich Leid tat, sie am Morgen derart vollgepflaumt zu haben, dass es nicht meine Absicht gewesen war, sie zu verletzen oder ihr Schuld zuzuweisen; ich war ja selber so sehr fixiert auf die Uhrzeit gewesen. Und sie sagte mir, dass ihr meine Worte dennoch wehgetan hatten und wie aufgewühlt sie dadurch in der Unterrichtsstunde gewesen war. Oh, das konnte ich verstehen. Wir hatten also beide mit Aufwühlung zu tun gehabt. Auf einmal überblickten wir zusammen die Situation mit ihren Auswirkungen auf den jeweils anderen. Wir zeigten noch einmal Verständnis füreinander – und dann? Sie ruhte sich erst etwas aus, suchte sich dann eine Kinderzeitschrift aus und ich las ihr vor.

AUFBLICK

Sorgen sind düstere Wolken.
Illuminiere!
Trüben Gemütes verweinst du die Nacht,
Indes sternübersäte
Unendliche Himmel
Jenseits umwölben die Ödnis.
Seele,
Bekümmerter Vogel,
Enthebe dich Enge und Pein!
Allüberall
Dehnt sich Raum –
Offene, Drangsal durchdringende Weite,
Umfangend
Dich banges, erwachsenes Kind,
Das verlernte zu lächeln
Mit rinnender Träne.

༄

Erstaunlicherweise ist das Entscheidende bei der Entstehung von den Gedichten dieses Bandes nicht irgendein besonderes Denk- oder Abstraktionsvermögen gewesen, sondern das Vermögen still sein zu können. Für *Aufblick* zum Beispiel habe ich nächtelang in den Himmel geschaut – vor allem auch ohne zu denken. Ich bin also ein Hans-guck-in-die-Luft, und dem verdanken wir diese Lektüre! Tatsächlich ist der Großteil aller Gedichte, die jemals durch meine Schreibhand das Tageslicht erblickten, das Produkt von Momenten der Einkehr, der Tiefenversenkung hinein in Naturphänomene, in Gegenstände, Gefühlszustände und Erinnerungen. Gedichte sind Kinder der Stille, möchte ich sagen, Ausgeburten meditativer Betrachtungen.

Das ist sicher nicht offensichtlich. All die sprühenden Geistesblitze, die schöpferischen Formulierungen und Sinnbilder, von denen die Texte hier leben, schreien ja geradezu davon, samt und sonders einem denkenden Geist und nichts anderem als einem Denker entsprungen zu sein. Natürlich sind sie auch oftmals Ergebnisse zielgerichteten Suchens und Errungenschaften teils langwieriger Denk- und Arbeitsprozesse. Damit ein Gedicht am Ende herauskommt, muss man schon auch Gehirnschmalz hineininvestieren. Und weil ausdauernde produktive Geistestätigkeit unter uns Menschen vielleicht gar nicht so häufig ist (meist spulen wir unseren Alltag ja als Gewohnheitstiere eher denkfaul in routinierten Wiederholungen ab), gerade deshalb erweckt es noch mehr den Anschein, als hätten dichterisch oder anderweitig Talentierte den anderen Menschen eben bestimmte Denkleistungen oder Gehirnwindungen voraus. Es wirkt, als wären sie unheimlich intelligent, viel begabter oder gar begnadeter als Menschen, die zum Beispiel nicht dichten können. Diese Abstufung streichelt obendrein noch das Ego und so bilden sich gewiss auch viele mit speziellen Fähigkeiten ausgestattete Menschen gehörig viel ein auf „ihr" persönliches Talent.

Ich für meinen Teil sage jedoch dazu: Gedichte schreiben zu können ist überhaupt nicht mein eigenes Talent. Und zum Dichten ist vorrangig auch keine besondere überdurchschnittliche Hirnleistung nötig. Ein bisschen Wortliebe und Affinität zur Klangwelt der Muttersprache spielt gewiss eine Rolle, aber, worauf ich schon hinwies, die Hauptsache beim Dichten und, wie ich glaube, die Grundlage jeglicher Kreativität ist eine gesunde Verbindung zur Stille. Um nämlich eine Sache, wie einen Baum, ein menschliches Antlitz oder auch ein mathematisches Problem, überhaupt wirklich klar sehen, neu ergründen und kreativ bedenken zu können, muss der Denker in uns zunächst schweigen. Man muss still sein können, gedankenstill. Anderenfalls überkleistert man diese Sache nur mit alten Begriffen, mit Meinungen und den verzerrenden Bildern persönlicher Ausdeutungen.

Im stillen Schauen, Hören und Fühlen hingegen tritt das Denken in den Hintergrund. Das nackte Sein der zu erfahrenden Sache tritt hierbei zutage. Beim Anblick des Nachthimmels denkt man so vielleicht nicht einmal mehr: „Das ist aber schön."

Das Wort *schön* ist bereits eine Denkbeimischung, die das ursprüngliche Bild wie Kleister überzieht. Und daran bleibt man dann kleben – an dieser Meinung.

Aber bitte verstehen Sie mich richtig. Ich sage nicht, dass es falsch wäre, den nächtlichen Himmel schön zu nennen. Ich möchte bloß einmal die Entstehungsweise dieser Gedichte beleuchten und darauf hinweisen, dass sie zuallererst Produkte des Nichtdenkens sind. Zuerst herrscht Stille, wachsame Empfängnisbereitschaft für eine Sache. Meist geht diese innere Stille auch mit einem Gefühl von Frieden einher und einem Schönheitsempfinden, das weiter ausschmückender Begriffe wie *schön* oder *friedlich* gar nicht bedarf.

Und aus dieser Stille tauchen dann vereinzelte Gedanken auf, die ich – als undefinierter Beobachter – vorüberziehen lassen, weiterverfolgen oder auch schriftlich festhalten kann. Woher die Gedanken kommen, weiß ich übrigens nicht. Sie erscheinen einfach, sie fliegen zu. Ja, selbst dass sie *mir* zufliegen ist nur ein Gedanke, weshalb ich – als ordnungsgemäß im Geburtsregister vermerkte Person – mich auch beharrlich weigere, sie als ausschließlich „meine" Gedanken aufzufassen. Ein Vogel, der mir zufliegt und meinen Kopf ein Weilchen umkreist, gehört doch auch nicht plötzlich mir ganz allein.

XENIEN

1.
Jede Plantage erquickt unsern schweifenden Blick als ein Ganzes.
Erst bei den Früchten darin sondern wir aus für den Korb.

2.
„Ein Vers, ein einziger mächtiger Vers, der die Zeit überdauert!
Wie, Meister, schreibe ich den?" „Vorn mit d, hinten mit n."

3.
Spät erreicht man die Ebene des Meisters, denn eher
Sieht man von unten herauf oder von oben herab.

4. Erfolgsrezept
Schreibe dicke Romane, nicht untergewichtige Sprüchlein,
Denn dem Hauptakt voraus fummelt der Mensch gern
  am Speck!

5. Trauben und Rosinen
Pralle Trauben faulen schnell. Entwässert man gründlich
Und konzentriert den Gehalt, dann überdauern sie lang.

6.
Um dich zu bilden, lies nicht hundert gewichtige Bücher,
Sondern das eine genau: Lies die Geschichte von dir!

7.
Einzig im Pläneschmieden und -schmelzen bracht' ich's
  zum Meister:
Treu blieb ich nur einem Plan, plante ich Untreue ein.

8.
Was bezweckt eine tägliche Liste von Zwecken, als dass ich,
Sind alle Zwecke erfüllt, stoße auf Zwecklosigkeit?

9.
Immerfort schrieb ich und schrieb ich, bis ich begriff,
  wirklich alles,
Was ich euch sagen muss, liegt – jenseits der Schriftstellerei.

10.
Niemals gelang mir, das Unbeschreibliche euch
  zu beschreiben.
Manchmal misslang dieses Ziel mir jedoch nicht ganz und gar.

11.
Einer Religion trittst du bei? Warum gründest du keine?
Eine Quelle ist rein. Fließt erst ein Fluss, wird er trüb.

12. Gott
Sieh nicht auf mich, sieh *durch* mich! Himmelst du ewig nur
  mich an,
Hast du ein Fernrohr, jedoch niemals den Himmel gesehn.

13.
Neun von zehn Überzeugten sprechen, was richtig,
  was falsch sei.
Seltsam, denn sprächen sie nur, hätten sie mich überzeugt.

14.
Schlau war ich, wenn ich die Dummheit der anderen Leute
  erkannte –
Dummschlau, genauer gesagt, weil ich die eigne vergaß.

15.
Jemand mahnte mich: Immerzu wirke! So strebte ich stets nach
Wirkung und um ein Haar hätt' ich mein Leben verwirkt.

16. Todsichrer Weg
Spure, mein Junge, stets folge den Regeln und Stapfen
  der andern!
So hinterlässt du gewiss nie eine eigene Spur.

17.
Feierlich trägst du erstmals Krawatte, mein Sohn.
  Bald erfährst du,
Was sie in Sälen erwirkt – und wie sie Seelen erwürgt.

18.
Lerntest du Richtig und Falsch, Recht und Unrecht,
  Wahrheit und Lüge
Kennen, so lerne nun dies: aufwärts zu zählen von sechs.

19.
Lehrlinge, Lehrer, Gelehrte, wascht euch hiermit die Ohren:
Leben ist Lehre genug. Ach, schon war's Lehre zu viel!

20.
Lässt du die Wegweiser, lässt du dankbar all deine Lehrer,
Lässt du auch mich hinter dir, dann treffen wir uns gewiss.

21.
Gründen im Staat sich Parteien, lob ich die Einheit des Volkes.
Lobt man die Einheit jedoch, gründe ich meine Partei.

22.
Öffne den Geist mir, nur vom Parteigeist verschone mich
  freundlichst!
Gerne ersteh ich dein Bild, schwatzt du den Rahmen nicht auf.

23.
Die Kulturstufe deines Landes zeigtest du mir an
Dom, Kathedrale, Palast. Führ' mich zum Armenhaus nun!

24.
Redeten Kinder vom Staatshaushalt und Männer
  vom Baumhaus,
Wahrlich, ich nähme vorlieb mit einem Männergespräch!

25.
Ködern dich raufende Gockel und bissige Haie? So sag nicht
Länger, dass Politik todsterbenslangweilig sei.

26.
Menschlichkeit suchte ich lang in System, Religion
  und Naturvolk.
Fündig wurde ich nie – außer im einzelnen Mensch.

27.
Brüder im Geiste finden, die Wissen von gestern verlachen,
Weil auch ihr Wissen von heut morgen der Pöbel verlacht.

28.
Selbst das friedlichste Wort lässt sich in Steintafeln meißeln,
So dass ein Herrscher damit Köpfe entzweischlagen kann.

29.
Menschen laufen vorbei, wo sich Ameisenvölker bekriegen.
Wo sich der Mensch auch bekriegt, Ameisen laufen vorbei.

30.
Wahre Freunde des Friedens säen Feindseligkeit, denn
Freunde wünschen dem Feind Seligkeit über der Front.

31. Geburt und Tod
Sonderbar, nach dem Tor errichten wir Menschen gern Mauern.
Vor der Mauer jedoch sehen wir gerne ein Tor.

32.
Klagst du, auf Erden sei stets man mit Sorgen beladen?
  Ach, Kopf hoch!
Auch der Besorgteste wird unter der Erde entsorgt.

33.
Wozu all die tausend Zeilen? – Nein, bitte sprich nicht!
Wahrheit suchte auch ich, wahrhaben kann ich sie nicht.

34.
Morgens wollte ich alles. Was ich bekam, das war wenig. Abends wollte ich nichts. Was ich bekam, das war viel.

35.
Jung nahm ich selber mich ernst, belächelte aber die andern. Alt nahm ich andere ernst, aber belächelte mich.

36.
Drei Dutzend brav geschichtete Gabeln Mist bilden einen Komposthaufen, worauf sicher ein Kürbis gedeiht.

☙

Auch in der Prägung von Aphorismen und Spruchgedichten habe ich mich vielfach versucht. Die *Xenien*, die ich so natürlich nach klassischen Vorbildern benannt habe, mögen beispielhaft abgedruckt sein. Heute muss ich leise schmunzeln, wenn ich bedenke, wie viel Zeit bisweilen über dem Feilen eines einzigen Zweizeilers ins Land gestrichen ist. Unglaublich, aber manch zierliches Sprüchlein hat mich tagelang auf Trab gehalten! Und ich bin dankbar dafür – es waren meist friedvolle Zeiten.

Während diese Sprüchesammlung entstand, fuhr ich auch einmal auf Klassenfahrt mit meiner Ausbildungsklasse. Wir waren irgendwo in verschneiten tschechischen Bergen in einer Jugendherberge untergebracht, doch eines Abends sehnte ich mich nach Ausbruch und Freiheit, sodass ich mich plötzlich klammheimlich aus dem geselligen Herbergstreiben waldwärts davonstahl. Ich warf, als ich unbeobachtet war, meinen Schlafsack und ein kleines Zelt, das ich für solche Notfälle mitgebracht hatte, kurzerhand von oben aus unserem Zimmer zum Fenster raus. Dann schlängelte ich mich unauffällig, so als ob ich nur noch einmal frische Luft schnappen wollte, an all den Leuten, die vor den Zimmertüren saßen, vorbei. Unten vor der Haustür aber griff ich mir die heruntergeworfenen Sachen und trollte mich schleunigst von dannen. Nur einer meiner Zimmergenossen schöpfte Verdacht, doch als er mich großspurig an die Aufsichtspersonen verriet, da glaubte ihm keiner. Sie lachten bloß über seine verrückte Idee, dass irgendein Schüler bei dieser Eiseskälte alleine im Wald übernachten sollte.

Nur genau das war der Fall! Da lag tatsächlich ein blutjunger Weltenträumer „menschenfern, doch nah den Dingen" mitten im Bergwinterwald und horchte versunken dem Windesrauschen in Fichten und Föhren. O, ich gäbe ein Königreich her für eine einzige dieser Nächte! Es ist so wertvoll, entgegen aller Vernunftsargumente seinen eigenen Weg zu entdecken, da draußen im

Schoße des Waldes nichts von Zukunft und Bürgerpflichten zu wissen, ja noch nicht einmal wissend, ob es da Wölfe und Braunbären gibt.

Höchste Zeit für eine Liebeserklärung: Ja, ich liebe diese jugendhaften Ausbrüche sogar mitten hinein in offenbare Sackgassen, diese unberechenbaren Bauchentscheidungen, die sich aller Räson widersetzen und die einem nie etwas nützen, außer dass die Grundverbindung zu All und Natur wieder hergestellt wird. Einfach nur sein – das ist die Bestimmung, das ist der Weckruf, den die Natur uns ewig entsendet. Auch diese Sprüche sprechen davon. Sie leben vom Freisein, sie atmen Gebirgsluft, und selbst wenn das nicht offensichtlich erscheint, sie sind allesamt aus tiefem Versunkensein, aus tiefer Seinsverbundenheit herauf ins Sichtbare gestiegen. Sie wurden in stillen Stunden des Alleinseins und der Abgeschiedenheit wie da in der tschechischen Waldnacht erhört.

Ohne diese Verbindung zur Stille verliert doch das menschliche Streben sehr schnell an Tiefe, an Sinnhaftigkeit. Unsere Ziele sind dann nur oberflächlich, nur egozentrisch, die Resultate gehaltlos – selbst wenn die halbe Welt dazu klatscht. Manchmal denke ich sogar, es wäre unvorstellbar viel heilsamer für die Erde insgesamt, wenn wir Menschen uns Stunde für Stunde auch dem einfachen Sein hinzugeben verstünden, dem ganz bewussten stillen Leerlauf, dem Innehalten bei jedweder Arbeit, dem Fühlen, Horchen und Schauen, wohin Es uns führt. Alles ach so Wichtige nur ein paar Atemzüge lang ruhen zu lassen ist wichtiger als uns immer nur weiter gegenseitig übertrumpfen zu wollen, als uns abzuhetzen, anzugiften oder in zwanghafter Produktivität immer noch mehr knappe Ressourcen zu verbrauchen.

Atmen wir doch lieber einmal durch! Genießen wir das Strömen in unserem Körper, den Anblick des blauenden Himmels! Spielen wir Schach miteinander, eine Runde Verstecken, pfeifen wir eine Weise oder reimen wir einen Reim. Das vernichtet kein irdisches Leben, das fördert den Frieden, weil es uns selber gut tut – und zwar sofort, nicht erst beim Wahlsieg oder im Urlaub. In diesem Lichte besehen erscheint es mir keineswegs mehr verschroben oder weltabgewandt, wenn zum Beispiel ein Dichter einen Tag lang an einem einzigen Vers herumklopft. Tut er dies aus innerer Freude heraus, sorgt er dabei für eine gesunde Arbeitsatmosphäre. Er säubert so tatsächlich die Welt anstatt sie mit Arroganz oder Konkurrenzgehabe nur zu verpesten. Er tut somit niemandem weh. Er ist der Welt nicht abgewandt, er ist ihr freundlich gesonnen. Er ist dem *Leben* zugewandt, denn was immer wir auch im Augenblick tun, was wir jetzt in die Hand nehmen – sei es Schreibstift oder Hammer, Hundeleine, Türgriff oder Kinderhand – nichts anderes ist doch das Leben. Ist *dies hier* nicht das Einzige, dem wir uns wirklich zuwenden können?

Manch guter Freund
ist dir schon weggestorben

Manch guter Freund ist dir schon weggestorben,
Die übrigen sind irgendwo beschäftigt,
Sie haben Posten, Frau und Gut erworben,
Nur brieflich knapp Verbundenheit bekräftigt.
Ihr habt euch aus den Augen längst verloren,
Doch keinen außer dich scheint das zu stören.
Die einst beim Prost sich Brudertreue schworen,
Belehrt ein Nachwuchs nun aufs Geld zu schwören.
Dir aber ist die Welt der Angepassten,
Des Brotberufs und der Beamtensessel
Ein Nichts, ein Siechtum im Behördenkasten
Mit Kind und Schwiegereltern noch als Fessel.
Nur wo, nur wo siehst du dich selber, Junge?
Du zuckst die Achseln, spürst im Magen Völle,
Im Schädel Leere, rauchst zweimal auf Lunge
Und lächelst: „Anstalt, Kloster oder Hölle."

☙

Mittlerweile geht es aufs Ende dieser Gedichtauswahl zu. Das tut mir sogar etwas weh. Letztendlich gelangen ja nur ein paar dutzend Gedichte hinein, jedoch liegen mir alle – das sind mehrere hundert – am Herzen. Da überhaupt eine Auswahl zu treffen ist fast so, als schickte man ein paar der eigenen Kinder hinaus in die Welt, doch all die anderen zum Stubenarrest. Dennoch: Ich stehe zu dieser 50er-Auswahl. Sie stellt ein repräsentatives Bild dieses Dichters hier dar und ich glaube nicht, dass noch fünfzig weitere Gedichte diesen Band auch doppelt so gut machen würden. Vor allem wollte ich auch die eine Leserin oder den einen Leser, die ganz zuinnerst eine musisch-dichterische Regung in sich verspüren, hiermit ermuntern, diesem Lockruf zu folgen. Ich wollte das Flämmchen der Leidenschaften in Ihnen an dieser leichter verzehrbaren Kost lieber auflodern lassen, anstatt es mit dem dickeren Holz von klobigen Gesamtausgaben im Keim zu ersticken. Womöglich erscheinen meine Gedichte auch nie als Gesamtwerk, aber statt zu zeigen, was ich alles kann, geht es mir mittlerweile vielmehr darum, das Feuer der Dichtkunst weiterzugeben. Wenn sie liebevoll betrieben wird, dann ist nämlich die Dichtung von Sprachgebilden eine unschätzbar wertvolle Kulturleistung des Menschen. Sie kann Freude verbreiten. Sie kann Herzen erwärmen. Sie kann tiefere Wunden erst sichtbar machen und deren Heilung befördern. Ich unterstreiche es nochmals: Was uns heilt, das heilt die Erde.

Manch guter Freund ist dir schon weggestorben ist das Gedicht, das ich zeitlich betrachtet als allerletztes für diesen Band kommentiere. Es ist also etwas Besonderes innerhalb dieser Auswahl, weshalb ich damit auch eines Menschen gedenken mag, der in jederlei Hinsicht ganz besonders für mich ist.

Es war vor ziemlich genau zwanzig Jahren, als an einem kalten verregneten Herbsttag zwei junge Wanderer die einzige Straße durch die Einöde einer der am dünnsten besiedelten

Regionen Europas entlanggingen. Das Klima der Küstenstriche Nordschottlands ist derart rau, dass dort kaum noch Schafzucht, geschweige denn Ackerbau betrieben werden kann. Es pfeift da immer der Wind, es ziehen immer graue Wolken vorüber und es regnet eigentlich auch immer. Die drei oder vier versehentlich regenfreien Tage im Jahr nennt man dort Sommer, und der war lange vorbei, als mein Bruder und ich dieser tristen Straße ins Nirgendwo folgten. Linker Hand rauschte der Ozean herüber, rechter Hand dehnte sich ein Gräser- und Felsenmeer, wovon wir nur nicht viel mitbekamen, denn es schüttete ja ganz typisch für Schüttland und die Sicht war begrenzt. Allerdings regnete es noch ungefähr senkrecht zur Straße und nicht etwa parallel zu ihr wie bei den häufigen Sturmtiefs. Nordschottland war uns also recht freundlich gewogen.

Wir hatten am Morgen Durness zu Fuß verlassen und wollten, bepackt mit unseren Reiserucksäcken, hinüber nach Thurso. Das sind im Prinzip schon die zwei von den zwei dortigen Menschenansiedlungen. Kein einziges Wort hatten wir seit dem Aufbruch gewechselt. Kein einziger Wagen war bisher vorübergefahren. Nasser konnten wir kaum noch werden, doch keiner von uns beiden hielt an, um sich zu beschweren oder um irgendetwas miteinander abzusprechen. Es gab auch nichts zu besprechen. Hier wand sich die Straße und irgendwo da hinten lag Thurso. Da mussten wir hin.

Mein Bruder ging etwa zwanzig Schritte vor mir. Sind Sie schon einmal stundenlang schweigsam durch monotonen Herbstregen getrottet? Wenn man nicht weiß, wie lange das noch so weitergeht, kann das schnell zu Missmut und Gejammer führen. Wahrscheinlich machten wir beide damals das Beste, was man in solch einer Lage überhaupt tun kann – nämlich aufhören darüber nachzudenken, wie man dem entkommen könnte. Wir setzten immer nur ein Bein vor das andere, Schritt für Schritt, Schritt für Schritt.

Dann geschah aber etwas, das mich auch heute noch jedes Mal lächeln lässt, wenn ich an diesen Regenmarsch denke. Am rechten Straßenrand tauchte auf einmal ein Straßenschild auf. Es war zuerst nicht genau zu erkennen, doch wir kamen immer näher. Mein Bruder, der ja vor mir lief, musste es mittlerweile lesen können. Dann war er schließlich am Schild und ging dran vorbei. „Das ist doch nichts Besonderes, irgendein Straßenschild zu passieren", werden Sie vielleicht denken. Endlich war ich aber auch herangekommen, um die Schrift im Regen entziffern zu können. Da stand nichts weiter als das:

Thurso   110

Bis zur nächsten Ortschaft 110 Kilometer! Mein Bruder hatte angesichts dieser Entfernungsangabe nicht einmal eine Millisekunde lang seinen Laufschritt verlangsamt. Das war in dem Moment nicht einmal als Möglichkeit an seinem geistigen Horizont aufgetaucht, ganz zu schweigen von jener Erwägung, ob nicht vielleicht schon dieser schottische Dauerregen drauf und dran war, uns beiden den gesunden Menschenverstand aus dem Schädel zu spülen. Trotz jugendlichen Übermutes und eingerechneter maximaler Leistungsfähigkeit war es ja offenbar eine schiere Unmöglichkeit, heute bis hinüber nach Thurso zu wandern.

Ich kann das nicht mehr vergessen. Mein Bruder war einfach nur weitergegangen, so als hätte dort gar kein Schild gestanden oder die Distanz nur 11 Kilometer betragen. Die Null hinter den Einsen war aber keine Täuschung gewesen. Was in aller Welt hat uns also da weiterwandern lassen? Nun, das Geheimnis der unbeschwerten Jugend: Wir dachten nur nicht weiter drüber nach. O, hätte ich damals schon Gedichte geschrieben! Das hätte einen deftigen Limerick gegeben.

Mein Bruder Robert ist der Mensch, der mich am längsten und am weitesten über den Globus hin begleitet hat. Er ist nicht nur mein Bruder, er ist auch mein Freund. Er ist ein wahrer Freund, was ich nicht als selbstverständlich nehme, denn als Kinder haben wir uns nicht selten die Köpfe frisiert und als Jugendliche zunächst auseinander gelebt. Unsere Freundschaft musste sich erst entwickeln, unter anderem damals in Schottland auf unserer ersten Reise zu zweit. Es sollten später, was auch im Gedicht etwas anklingt, sogar noch trübere Zeiten folgen als jene Regentage da oben, doch das Freundschaftsband war nun einmal geknüpft. Und – was das Schottlanderlebnis sicher verdeutlicht – wenn mein Bruder einmal herzlich entschlossen zu einer Sache steht, dann bleibt er dabei, selbst wenn es ihn bis ans Ende der Welt führt. Dafür danke ich *dir*!

Ach so, sind wir denn damals eigentlich noch nach Thurso gekommen? Aber ja! Wir stapften noch eine Weile im Regen, dann hielt gleich das erste Auto neben uns an, zwei junge schottische Frauen winkten uns lächelnd heran und luden uns zum Kaffee ein ...

Vielleicht probieren Sie es demnächst auch einmal damit – nicht weiter drüber nachzudenken. Es kann sehr lohnenswert sein.

Mein Kloster

Ich kenne Menschen, die von Klöstern schwärmen
Als Ort des Friedens und der Ruh.
Sie wandern aus, ich aber bleibe.
Mein Kloster, das bist du.
Ihr Traum, wo Stadt und Kinder nicht mehr lärmen,
Führt weit weit weg, jedoch wozu
Sich trennen noch vom Haus und Weibe?
Mein Kloster, das bist du.
Denn hier im Alltagssturm das Herz erwärmen
Für Menschlichkeit in Seelenruh,
Zum ew'gen Licht mir Fensterscheibe,
Mir Kloster sein, schaffst du.

Mein alter Freund Hans Tuffner, der große Wanderpoet, hat *Mein Kloster* – da war er schon weit über siebzig – als das Beste bezeichnet, was vielleicht je aus meiner Schreibhand herausgeflossen ist.

Warum treibt ein Baum wohl Blätter?

Warum treibt ein Baum wohl Blätter?
Warum schreiben wir Gedichte?
Weil's am Ende so viel netter
Ausschaut in der Weltgeschichte!

Wie die Blumen all besäumen
Flur und Wälder bis zum Teich,
So betupfen wir mit Reimen
Hier und da des Geistes Reich.

Und was bringt die bunte Mischung?
Höre, was ein Weiser spricht:
Sie bringt nichts als uns Erfrischung;
Nur ein Hauch sei dein Gedicht.

Unser Lohn, wenn wir dir fächeln
Einen Hauch nur, der belebt,
Ist dein Strahlen, nur dein Lächeln –
Und ein ganzes Weltall bebt.

Die Grundschullehrerin meiner Tochter hatte einmal die Idee, den Kindern das Thema Gedichte auf eine ganz eigene und spielfreudige Weise nahe zu bringen. Die Klasse behandelte gerade alles, was im Zusammenhang stand mit dem Lebensraum Wald. Also sollte sich jeder ein Waldgedicht von irgendeinem bekannten oder unbekannten Dichter aussuchen und dieses ganz frei nach Lust und Laune umdichten in ein lustiges Spaßgedicht. So bekamen die Kinder nicht nur ihren Lernstoff vorgekaut, sie konnten sich selbst nach Herzenslust in die Materie einwühlen, aus dem großen Fundus der deutschen Wald- und Wiesenlyrik einen persönlichen Liebling erwählen und diesen – ganz nach Kinderart – gehörig verballhornen.

Da kam Freude auf, das kann ich Ihnen versichern! Manche Eltern halfen auch ihren Kindern beim Durchforsten der Weltliteratur und beim Basteln von witzigen Reimen. Was will man als Lehrer denn mehr? Es war ein Geniestreich, der Jung und Alt zusammenführte, um kreativ etwas Neues zu schaffen. Und natürlich besaß diese Lehrerin auch den Weitblick, diese erlebte Schaffensfreude nicht noch im Nachhinein durch die Vergabe von unterschiedlichen Noten zu dämpfen.

Wenn ich mir eines für meine Gedichte wünsche, dann ist es nicht, dass sie bis in alle Ewigkeit überdauern mögen. Wenn auch nur ein einziger Mensch beim Lesen eines dieser Gedichte hellwach wird, wenn er oder sie die Schönheit des Seins hierin aufblitzen sieht, aus kindlichem Spieltrieb einen Reim hier verdreht oder leise zu lächeln vermag, dann ist mein Wunsch schon erfüllt.

KLAGE EINER VERSTAUBTEN GITARRE

im Gedenken an F. J.

Ich kann es schon mehr als erklingen – zu *schauen*
Zurück durch den Jahresverlauf.
Wie Haare so können auch Saiten ergrauen;
Er gab mich nicht weg, aber auf.

Still frage ich mich, ist der Traum eines Mannes,
Zu leben wie Hinz und wie Kunz?
Ich wünsche ihm Glück, auch mit ihr, aber kann es
Nicht lassen – das Denken an *uns.*

Sein Ernst, seine Stimme, im Blick dieses Sehnen,
Sowie er mich damals umgriff!
Er konnte mit Herzblut dein Weh übertönen –
Und was ihm noch fehlte an Schliff.

Wir beide zusammen bei Wind und bei Wetter,
Die Menge kam dichter gedrängt,
Wo immer wir waren, wir haben die Bretter
Heraus aus der Bühne gesprengt.

Wie sternschnuppenschnell unser Sommer vergangen,
Verloht ist, als gab es ihn nie!
Mir blieb nur der Traum, wie den Mädchen die Wangen
Erglühten zur Nachtmelodie.

Allein saßen später am sterbenden Feuer
Wir zwei, vom Gewölk überdacht.
Er sang und ich klang durch den Riss im Gemäuer
Hinaus, wo die Grille nur wacht.

Doch Lieder verklingen und Zeiten enteilen,
Egal ob du Monde verweinst.
Und stimmt er heut an so ein paar von den Zeilen –
Es ist nicht das gleiche wie einst.

Für ihn gab ich alles im Herzen Erfühlte,
Für andre hab ich nur geübt.
Er war nicht der Beste, der je auf mir spielte,
Doch niemand hat mich so geliebt.
Er war nicht der Beste, der je auf mir spielte,
Doch niemand hat mich so geliebt.

∞

Für mich ist die Klage dieser Gitarre eines meiner ergreifendsten Lieder. Es ist zugleich das letzte Gedicht, das ich bis jetzt geschrieben habe, und es grenzt an ein Wunder, dass es zu dieser Fassung noch kam. Viele Jahre lang lagen nur zwei, drei Strophen davon allmählich verstaubend in meinen Schreibunterlagen. Als ich sie aufgeschrieben hatte, als das Gefühl dieses Gedichtes ganz groß in mir lebte und mich dazu bewog, darüber zu dichten, sah ich mich außerstande, es darüber hinaus noch gut und stimmig abzuschließen.

Ja, auch das passiert mitunter: Ein Gedicht kommt nicht zur Vollendung, weil ich nicht fähig bin, es zu einem für mich passablen Ganzen zu formen. Bei gefühlsstarken Liedern ist die Gefahr dafür relativ groß, denn wenn Anlass und Stimmung einmal vergehen und das Gedicht noch nicht rund ist, kann es ganz schnell sinnlos werden, daran noch weiter herumzukritzeln. Ich meine, irgendetwas zusammenzureimen vermag man als hinreichend erprobter Versling ja immer, aber für mich fühlt sich das ohne das echte ursprüngliche Feuer ziemlich unbefriedigend an.

Manchmal geschieht es aber nun auch, dass die Stimmung zurückkehrt! Das einstige Lebensgefühl ist wieder stark und lebendig – die Sehnsucht zum Beispiel nach Lagerfeuern im Walde, nach Menschen, die noch verstehen, und auch die Trauer, dass Schönes vergeht, dass sich die Zeit nicht zurückdrehen lässt. Dann funkeln die Augen und es leuchten die Strophen, die einstmals ganz ähnlicher Öffnung im Herzen entstiegen. Jetzt oder nie – das ist der Moment, um es weiterfließen zu lassen, um tiefer zu schauen und tiefer zu tauchen in das, woraus Dichtung letztendlich entsteht! Diese Augen und Strophen erzählen dann etwas. Sie erzählen Geschichten von Höhen und Tiefen, von Freuden und Leiden, Geschichten von Wegen, denen wir folgten, als auch von Wegen, denen zu folgen wir uns nur erträumten.

Inhaltsverzeichnis

Es ist einfach 8
Aus: Fernöstlicher Archipel 14
Am Nebelberg 17
Gegangen 20
Präambel 23
Die letzte Jagd 25
Entschuldigung des Hofmusikanten 34
Kaffeekranz 37
Mahnung an den Musensohn 40
Die Kuhmagd vom Reinstädter Grund 44
Das Vogelkonzert 46
An die Sehnsucht 58
Es rieben sich zwei Bären 61
Vase mit Bodenloch 64
Du liest Gedichte überhaupt nicht gerne 68
Willkommen, Tochter 73
Mutterglück 75
Pinselstrich ohne dich 78
Mapooram 81
Meine Freunde 85
Nach vier Wochen Wildnis – Albany 92
Letzte Höhe 95
Schüler Klingsor vor der Prüfungskommission 99
Gute Nacht, Angst! 104
Bruchwiesenlied 109
Suchst du nach Schönheit hier und da 112
Die Amsel singt 117
Westaustralischer Vershaufen eines komischen Vogels 120
Baiames Moskito 124
Abschied 128
Lied vom Lotosteich zu Lo-yang 130

Die Prüfung ... 134
Am neunten Mai 2005 in Weimar ... 140
Überall du ... 156
Ikarus ... 158
Dicke belasten das Gesundheitssystem ... 163
Singsang vom Zaungast ... 167
Albatros ... 171
Gärtners Ende ... 173
Beim Lesen eines alten Gedichtes ... 177
Unvergessen ... 180
Dein Leben hing an einem seidnen Fädchen ... 185
Der Kirschbaum ... 187
Verzweiflung eines Schulabgängers ... 190
Aufblick ... 195
Xenien ... 199
Manch guter Freund ist dir schon weggestorben ... 208
Mein Kloster ... 213
Warum treibt ein Baum wohl Blätter? ... 215
Klage einer verstaubten Gitarre ... 217

Poems, you know, change nothing
but everything.

Cape Arid, September 2009

Gedichte verändern bekanntlich gar nichts
außer alles.

Raúl Jordan, Vater zweier Töchter, studierte erst Ameisenkunde, erlernte dann Krankenpflege und arbeitet derzeit als Schulbegleiter. Er streift gerne durch die Natur. Nicht wenige seiner Gedichte sind Naturgedichte.

Beim adakia Verlag sind außerdem von ihm erschienen:
In Minuten um den Globus
Ooenpelli in: Wortwald